ПутЁвая книга

Фаина
Раневская

Байки и перлы

Зебра Е

УДК 821.161.1-7
ББК 84(2Рос=Рус)
Р22

**Художественное оформление
Александр Щукин**

**Редактор-составитель
Кирилл Винокуров**

*В книге использована информация только
из открытых источников и изданий «Зебра Е»*

Подписано в печать 10.07.2012.
Формат 70×90 $^1/_{32}$. Усл. печ. л. 12,80.
Тираж 3000 экз. Заказ № 1564
Отпечатано в ОАО "Типография "Новости"
105005, г. Москва, ул. Фр. Энгельса, 46

Раневская, Фаина Георгиевна.
Р22 Байки и перлы / Фаина Раневская. – М.: Зебра Е:
2012. – 320 с. – (Путёвая книга).

ISBN 978-5-905629-66-2

Фаина Георгиевна Раневская (1896–1984) была не только гениальной драматической и комедийной актрисой, но и необыкновенно яркой, остроумной, парадоксально мыслящей личностью. Вошедшие в сборник искрометные афоризмы Раневской и увлекательные байки о ней давно уже стали частью фольклора.

ISBN 978-5-905629-66-2

Содержание

Жизнь, как байка............................ 7

Женщина-перл............................263

ГЛАВА ПЕРВАЯ
ЖИЗНЬ, КАК БАЙКА

Дочь небогатого нефтебарона

Отец Фаины Раневской — Гирши Хаймович Фельдман — был весьма состоятельным человеком: владельцем нефтяных промыслов и фабрики сухих красок, пассажирского парохода «Святой Николай», нескольких домов и магазина в Таганроге. Их семья жила в большом двухэтажном доме из красного кирпича. «У моего отца был даже собственный дворник, не только пароход...» — не без гордости вспоминала актриса.

Раневская рассказывала, что когда уже в советские времена ей предложили написать автобиографию, она начала ее так: «Я — дочь небогатого нефтепромышленника...» Это звучало как насмешка: довольно трудно представить себе бедного нефтебарона! Понятно, дальше этой фразы дело с автобиографией не пошло...

Волшебная сила искусства

Фаина росла очень сентиментальной, впечатлительной девочкой. ...Однажды в возрасте одиннадцати-двенадцати лет она впервые увидела фильм «в красках» (техники цветного кино тогда не было, скорее всего, пленка была раскрашена вручную, как флаг в «Броненосце «Потемкине» Эйзенштейна). Это была сцена страстного свидания возлюбленных из «Ромео и Джульетты». Невозможно описать восторг девочки. После фильма ей непременно хотелось совершить что-то большое, необычное. Как рассказывала сама Раневская, в совершеннейшем экстазе от увиденного на экране, она кинулась к своему сокровищу — копилке в форме фарфоровой свиньи, наполненной собранными за многие месяцы монетами (это была родительская плата за то, что девочка мужественно пила ненавистный рыбий жир)... Фаина схватила копилку и без сожаления разбила ее об пол. Все деньги Фаина раздала бедным соседским детям. «Берите, берите, мне ничего не нужно...» — как заклинание повторяла она.

Совершенная бездарь

«Профессию я не выбирала, — говорила Фаина Раневская, — она во мне таилась». Еще в детские годы ей нравилось изображать совершенно разных людей. Актриса писала в своем дневнике, что испытывала непреодолимое желание повторять все, что делают другие люди, копировать всех, кто попадается на глаза... Актрисой Фаина почувствовала себя еще в пятилетнем возрасте. Умер маленький братик, она жалела его, день плакала. «И все-таки отодвинула занавеску на зеркале — посмотреть, какая я в слезах...»

Несмотря на блистательный природный талант, ни в одну из известных театральных школ Фаину не приняли, как она сама признавалась, «по неспособности» и из-за плохих внешних данных.

Известно, что в 1915 году Раневская пришла к директору одного из подмосковных театров с «рекомендательным письмом» от его давнего знакомого, известного антрепренера. На самом же деле тот просил друга деликатно «послать» куда подальше подательницу сего письма. Антрепренер писал, что эта дамочка и театр — две вещи несовместные и поэтому нужно каким-то тонким намеком объяснить глупышке, что делать ей на сцене нечего и абсолютно никаких перспектив у нее нет. Сам же он отговорить упрямицу от актерской карьеры не смог, потому и обращается за помощью к другу. «Это совершенная бездарь», — звучал окончательный приговор антрепренера.

Женщина-театр

Путь Раневской к актерскому признанию был долг и тернист. Сначала в ее жизни были десятки провинциальных сцен, сотни мелких и крупных разноплановых ролей. Хотя сама Фаина Георгиевна называла тот период «братской могилой моих ролей», это было совсем не так... Да, она играла в захолустных, провинциальных театрах, но именно в них начинающая актриса постигала азы сценического искусства, приобретала бесценный опыт, оттачивала свое актерское мастерство.

В конце концов, Раневская стала... настоящим театром в одном лице. Выдающийся актер, впоследствии ее любимый партнер по сцене Осип Абдулов говорил: «Фаина — и героиня, и травести, и гранд-кокет, и благородный отец, и герой-любовник, и фат, и простак, и субретка, и драматическая старуха, и злодей. Все амплуа в ней одной. Раневская — характерная актриса?! Чепуха! Она целая труппа!»

Великая соблазнительница

Свой первый в жизни профессиональный контракт Раневская заключила в Керчи с театральной труппой мадам Лавровской. Трудно поверить, но амплуа нескладной, длинноносой актрисы значилось как «гранд-кокетт» («la grande couquette» в переводе с французского — соблазнительница, большая кокетка). Ей предложили роль с пением и танцами за 35 рублей в месяц, но «со своим гардеробом». Гордая тем, что у нее в кармане лежит первый настоящий контракт и, чувствуя себя неотразимой прелестницей, Фаина решила в свой первый трудовой день пройтись по Керчи до театра пешком — показать себя и на других посмотреть. Долговязая рыжая девица шла, кокетливо покачивая бедрами, и стреляя глазками. Ей нравилось, что мужчины на улице оглядываются на нее, провожают долгими взглядами, перемигиваются. По словам Раневской, она возомнила, что в этом замечательном городе «у самого синего моря» умеют по-настоящему ценить истинную красоту, и здесь её ждет триумф. Увы! Когда наша гранд-кокетт пришла в театр, коллеги разъяснили ей, чем в действительности вызван повышенный интерес к её персоне со стороны мужского населения Керчи. Оказалось, сзади у Фаины предательски расползлась юбка, открывая завлекающий вид на ее кружевное белье.

ЛЕГЧЕ ПУХА

В свой первый театральный сезон в Крыму Фаина Георгиевна играла в пьесе А.И. Сумбатова-Южина кокетку, соблазняющую молодого красавца. Действие происходило в горах Кавказа. Раневская стояла на декорации, изображавшей гору, и говорила слащаво-нежным голосом: «Шаги мои легче пуха, я умею скользить как змея...» После этих слов она должна была грациозной летящей походкой пройтись по сцене, но неловко зацепилась за декорацию и упала вместе с ней на своего партнера по спектаклю, чуть не покалечив его. Несчастный, еле поднявшись на ноги, матерясь и стеная, угрожал оторвать актрисе голову. Зато зал захлебывался от восторга...

Придя домой, Раневская дала себе слово уйти со сцены.

Слава богу, этого не случилось.

Крашеная лиса

Поскольку роли в Керченском театре у молодой Раневской были «со своим гардеробом», актрисе все труднее было придумать, в чем каждый раз выходить на сцену, чем украсить свой убогий театральный наряд. Ее когда-то роскошная горжетка из белой лисы стала грязновато-серой. К тому же она была изрядно побита молью. Тогда Раневская решила самостоятельно покрасить заношенную вещицу черными чернилами. Как говорится, голь на выдумки хитра! Когда горжетка высохла, она, по уверениям актрисы, стала настоящей чернобуркой, не отличишь. На сцену в тот день Раневская вышла как королева: в элегантном светлом платье, с небрежно наброшенной на плечи шикарной лисой. Играли комедию «Глухонемой». Все шло как обычно. Но когда Раневская по ходу пьесы кокетливо распахнула горжетку, ее партнер актер Ечменев вдруг побледнел от ужаса и чуть не бухнулся в обморок. Оказалось, шея Раневской приняла радикально черный цвет: крашеная лисица на ней непрестанно линяла. В зале начал нарастать хохот, не предусмотренный драматургией пьесы. Экстремистский цвет шеи Раневской был хорошо различим даже с галерки... Словом, публика веселилась от души, а с подругой и педагогом Раневской Павлой Вульф, сидевшей в ложе, случилось нечто вроде истерики...

Загадка фамилии

Происхождение сценического псевдонима Фаины Георгиевны, позже ставшего ее официальной фамилией, — Раневская, связано с одним довольно грустным случаем. Однажды в Керчи наша героиня шла из театра на гору Митридат с неким «опытным трагиком». По пути Фаина решила

Глава первая. Жизнь, как байка

зайти в банк (ее мать Милка Рафаиловна иногда тайком от прижимистого мужа Гирши Хаймовича слала дочери из-за границы денежные переводы). И надо же такому было случиться! Когда они со спутником выходили из массивных банковских дверей, нескладная Фаина споткнулась о ступеньку и выронила из рук присланные деньги. Сильный порыв ветра подхватил и понес разноцветные купюры по улице... Увы, их было уже не догнать... А Фаина Георгиевна, следя за улетающими банкнотами, лишь философски вздохнула:

— Денег жаль, зато как красиво они улетают!

— Да ведь вы совсем как Раневская из «Вишневого сада»! — воскликнул ее спутник. — Только Любовь Андреевна Раневская с её «я всегда сорила деньгами» могла так сказать! Раневская — самый подходящий для вас псевдоним!

Так и прилепилась к ней фамилия героини Антона Павловича.

«У нас с чеховской героиней есть что-то общее, далеко не все, совсем не все...» — говорила Фаина Георгиевна. И вспоминая о том случае с унесенными деньгами, произошедшим с ней в самом начале ее театральной жизни, с улыбкой добавляла: «В действительности, я — Раневская потому, что все роняю».

Ни много, ни мало

В конце 1917 года, не дожидаясь еврейских погромов, семейство богатеев Фельдманов уплыло на собственном пароходе «Святой Николай» в Турцию. Юная Фаина, единственная из семьи, эмигрировать из России наотрез отказалась. Она отважилась остаться на родине одна — без близких, без денег, ибо «не мыслила своей жизни вне русского театра, лучше которого в мире нет».

В послереволюционной России Раневская страшно бедствовала.

В какой-то момент она, скрепя сердце, вынуждена была обратиться за помощью к нынешнему нэпману, в прошлом деловому партнеру своего отца Гирши Хаймовича.

Но советский буржуй деликатно отказал ей: «Извините, сударыня, но поймите меня правильно: дать в долг дочери *самого Фельдмана* мало я не могу. А много — при нынешней власти у меня уже нет...»

Седовласый мальчик

Раневская боготворила Константина Сергеевича Станиславского: «В нашем деле он такое же чудо, как Пушкин в поэзии». В годы Первой мировой войны Фаина Георгиевна жила в Москве и смотрела по нескольку раз все спектакли, шедшие в то время в Художественном театре, прежде всего те, в которых играл Станиславский.

...Как-то весенним днём 1915 года Фаина шла в Москве по Леонтьевскому переулку, и её нагнала пролётка, в которой сидел седовласый красавец Станиславский. Переполненная восхищением от встречи с кумиром, начинающая актриса закричала ему: «Мой мальчик!» А ведь к тому времени Константину Сергеевичу было уже за 50! Растроганный столь необычным комплиментом, основатель Художественного театра привстал со своего места и, повернувшись спиной к кучеру, дружески помахал экстравагантной поклоннице рукой.

Счастливый обморок

Судьба подарила Фаине Георгиевне дружбу с великим драматическим актёром Василием Ивановичем Качаловым. А их знакомство произошло при весьма нелепых обстоятельствах. Со слов Фаины Георгиевны, в ее молодости, пришедшемся на конец XIX века, среди сентиментальных барышень «в моде» были обмороки. Ей очень нравилось падать в обморок, к тому же я никогда не расшибалась, стараясь падать грациозно.

Конечно, с годами это увлечение прошло.

Но один из обмороков, по словам Раневской, принес ей счастье, большое и долгое. В тот день она шла по Столешникову переулку, разглядывая витрины роскошных магазинов, и рядом с собой услышала голос человека, в которого была влюблена до одурения. Она собирала его фотографии, писала ему письма, никогда их не отправляя. Поджидала у ворот его дома...

Услышав его голос, она упала в обморок. Но на сей раз, неудачно. Сильно расшиблась. Фаину приволокли в кондитерскую, рядом. Она и теперь, кстати, существует на том же месте. А тогда принадлежала француженке с французом. Сердобольные супруги влили Раневской в рот крепчайший ром, от которого Фаина сразу пришла в себя и тут снова упала в обморок, так как дивный голос прозвучал вновь, справляясь, не очень ли она расшиблась.

Прошло несколько лет. Фаина уже была начинающей актрисой, служила в провинциальных театрах, а по окончании сезона приезжала в Москву. Пугали длинные очереди за билетами в Художественный театр. Девушка расхрабрилась и написала письмо возлюбленному: «Пишет Вам та, которая в Столешниковом переулке однажды, услышав Ваш голос, упала в обморок. Я уже довольно известная актриса. Но приехала в Москву с единственной целью — попасть в театр, когда Вы будете играть. Другой цели в жизни у меня теперь нет. И не будет».

Письмо Раневская сочиняла несколько дней и ночей. Ответ пришел очень скоро. «Дорогая Фаина, пожалуйста, обратитесь к администратору, у которого на Ваше имя два билета. Ваш В. Качалов».

С этого вечера и до конца жизни великого актера длилась их дружба.

Незабываемый пирог

Как вспоминала Фаина Георгиевна, в самые тяжелые, голодные годы «военного коммунизма» ее в числе других молодых актеров пригласила к себе домой для прослушивания новой пьесы одна весьма зажиточная авторша. Странно было видеть в ту суровую пору эту заплывшую жирком, кругленькую, как колобок тетушку! Шатаясь от голода, в надежде на возможность хотя бы «заморить червячка», Раневская потащилась в гости (упитанная авторша обещала, что после прослушивания ее «нетлетки» обязательно будет чай с вкуснейшим пирогом!) Пьеса оказалась не только бездарной и нудной, но к тому же состояла из целых пяти длиннющих актов. Содержание сего опуса Фаина Георгиевна помнила смутно: кажется, в ней что-то говорилось о Христе, который ребенком гулял в Гефсиманском саду. В комнате пахло свежей выпечкой, и это просто сводило с ума голодных слушателей. Фаина люто возненавидела толстую авторшу, которая очень подробно, с пространными ремарками описывала прогулки сына Божьего. К тому же во время чтения самых драматических моментов она рыдала и пила валерьянку. Терпение молодых актеров, наконец, лопнуло: не дослушав пьесу, все рванули на кухню, откуда разносился аппетитный запах. Дама продолжала рыдать и сморкаться даже во время чаепития (Кстати, впоследствии увиденное и услышанное в тот день помогло Фаине Георгиевне выразительно сыграть рыдающую сочинительницу в инсценировке рассказа А.П. Чехова «Драма»).

Финал истории был печальным. Пирог оказался с морковью, которую Фаина Георгиевна с детства терпеть не могла. Словом, это была самая несъедобная, самая отвратительная, самая неподходящая начинка для пирога, какую только можно вообразить!

По словам Раневской, ей было так обидно, что хотелось плакать.

Колумб,
председатель месткома

В годы Гражданской войны в Крыму с Фаиной Георгиевной произошел такой грустно-забавный случай.

Она участвовала в каком-то спектакле-утреннике для детей, название которого забыла. Героем пьесы был сам Колумб, которого изображал председатель здешнего месткома актер Васяткин. Раневская же играла девицу, которую похищали пираты. В то время, как эти корсары тащили ее на руках, Фаина неловко зацепилась за гвоздь на декорации, изображавшей морские волны. На этом гвозде повис ее парик. Словом, косы поплыли по волнам. Актриса начала неистово хохотать, а ее похитители, увидев повисший на гвозде парик, от ужаса уронили Раневскую на пол. Несмотря на боль от ушиба, Раневская продолжала хохотать. А потом услышала гневный голос Колумба — председателя месткома: «Штраф захотели, мерзавцы?» Похитители, испугавшись штрафа, свирепо уволокли ее за кулисы, где она горько плакала, испытав чувство стыда перед зрителями.

На доске приказов и объявлений Раневской повесили выговор, с предупреждением.

Глава первая. Жизнь, как байка

Триумф плакальщицы

В 1916 году Фаина Георгиевна дебютировала на сцене Малаховского Летнего театра в пьесе Леонида Андреева «Тот, кто получает пощечины», в массовке.

Перед спектаклем юная Раневская подошла к исполнителю главной роли, знаменитому драматическому актеру Иллариону Певцову, и спросила, что ей собственно надо изображать на сцене? Великий Певцов, уже загримированный для трагической роли клоуна, посмотрел на статистку изумленно и, подумав секунду, сказал: «Деточка, ничего делать тебе не нужно. Ты должна меня просто очень любить. И пусть все, что со мной происходит, тебя сильно берет за душу. Вот и вся твоя роль».

Спектакль прошел с невероятным успехом. Раневская исполнила указания маэстро в точности: она всем сердцем любила Певцова пару часов без остановки. По ходу пьесы молодая актриса все время рыдала, причем не смогла остановиться и выйти из роли, даже когда опустился занавес. Еще целый час после окончания спектакля рыжеволосая дебютантка плакала навзрыд, не реагируя на все попытки коллег ее успокоить. Когда Певцов, уже собравшийся домой, вдруг увидел в коридоре, сидящую на пыльном полу и плачущую молодую артистку, он с тревогой спросил:

— Бог мой, что с вами? Почему вы плачете?

— Я так любила, так любила Вас весь вечер... — горестно вздохнула Раневская, продолжая рыдать.

Знаменитый артист пристально посмотрел на Фаину, тогда еще никому неизвестную в Москве фигурантку (так называют актрису, играющую маленькие роли без слов. — *Ред*.), и убежденно, взволнованно сказал:

— Запомните эту девушку, друзья мои... Она всенепременно, всенепременно станет великой актрисой!

Неизвестный Горький

Фаина Георгиевна оставила в своем дневнике весьма любопытную запись о великом пролетарском писателе, который завещал потомкам летать, а не ползать. Раневская в своей школьной тетрадке в клеточку записала: «У души нет жопы, она высраться не может!» — это сказал мне Чагин со слов Горького о Шаляпине, которому сунули валерьянку, когда он волновался перед выходом на сцену. Он (Чагин. — *Ред.*) рассказал о деловом визите к Горькому. Покончив с делами, Г. пригласил Чагина к обеду. Столовая была полна народу. Горький наклонился к Чагину и сказал ему на ухо: «Двадцать жоп кормлю!»

Все мужчины таковы

Всю жизнь Раневская была одинока и по большому счету несчастна: ни семьи, ни детей. Горестными были ее редкие увлечения мужчинами... На вопрос, почему она никогда не была замужем, Раневская отвечала, что «от представителей противоположного пола ее удивительным образом тошнит».

В молодости (дело было еще до революции) с Раневской в Баку произошел такой конфуз. Поздним вечером, когда она возвращалась из театра, на темной аллее парка к ней пристал какой-то подвыпивший гуляка и начал откровенно заигрывать, видимо, приняв ее за уличную кокотку. Пытаясь избавиться от навязчивого кавалера, Фаина Георгиевна воскликнула: «Мужчина, вы, наверное, обмишулились. Я старая, некрасивая женщина. У меня уже дети вашего возраста. Как вам не стыдно!». Повеса обогнал Раневскую, внимательно посмотрел в лицо, теперь хорошо видное в свете уличного фонаря, и произнес: «Вы правы. Дико извиняюсь!».

— Какой подлец! — восклицала Раневская, рассказывая это случай. — Впрочем, все мужчины таковы!

ПЕРВОЕ СВИДАНИЕ

Фаине было лет четырнадцать-пятнадцать, когда ее пригласили на первое в ее жизни свидание. Она по уши влюбилась в одного гимназиста. Как рассказывала сама Раневская, тот сразил ее фуражкой, под козырьком которой красовался великолепный герб гимназии, а тулья по бокам была опущена и лежала на ушах. Это великолепие, по словам Фаины, сводило ее с ума. И вот однажды красавчик-гимназист милостиво назначил «малявочке» рандеву. Раневская понеслась на крыльях любви к условленной скамейке в парке и... вместо кавалера обнаружила на ней смазливую девчонку. Как оказалось, свою соперницу. Та потребовала, чтобы Фаина немедленно удалилась — как третья лишняя. Девочки долго препирались, кому из них гимназист назначил рандеву. Явился, наконец, сам юный Дон-Жуан, нисколько не смутившийся при виде их обеих. Гимназист нагло уселся на скамейку между девочками и принялся что-то весело насвистывать. А соперницы рьяно продолжали отстаивать свои права. Фаина заявила, что не тронется с места: «Здесь мне назначено свидание! Я костьми лягу, а никуда не уйду».

Наконец, юный Ловелас соизволил сделать свой выбор. И, увы, не в пользу нашей героини. Гимназист и смазливая девчонка о чем-то немного пошептались, после чего соперница подняла с земли несколько увесистых камней и стала кидать в Фаину под одобрительное улюлюканье кавалера. Раневская заплакала и ретировалась с поля боя... Впрочем, тут же нашла в себе силы, чтобы вернуться и ответить обидчикам. Она гневно выкрикнула им в лицо: «Вот увидите, вас Бог накажет!» И ушла, полная собственного достоинства.

АМУР БЫЛ В СТЕЛЬКУ ПЬЯН

Лет в девятнадцать-двадцать Раневская поступила в труппу какого-то провинциального театра. И тут же влюбилась. И не в кого-нибудь, а в первого красавца труппы, по которому сохла вся женская половина творческого коллектива! Разумеется, он был невозможным бабником, как и положено актеру с амплуа «герой-любовник». Она же, по ее признанию, даже в молодости сторонилась мужчин, поскольку была «страшна, как смертный грех». Фаина влюбилась как кошка: тенью ходила за красавцем, таращила на него глаза... А он, понятно, обращал на нее ноль внимания... Но однажды герой-любовник вдруг подошел к Раневской и нежно прошептал на ушко: «Милашечка, вы ведь возле театра комнату снимаете? Так ждите меня сегодня вечером: буду к вам часиков в семь».

Ликующая Раневская тут же побежала к антрепренеру, заняла денег в счет жалования, отпросилась домой, накупила вина, всякой вкусной еды, надела свое любимое зеленое платье (к рыжим волосам), накрасилась, напудрилась... Сидит и ждет... Час ждет, другой...

Наконец, часов около десяти вечера, заявился наш герой-любовник, в дымину пьяный, потрепанный, в обнимку с какой-то крашеной шлюхой.

— Милочка, — заикаясь, сказал он Фаине, — погуляйте где-нибудь пару часиков...

«Вот это была моя первая и последняя любовь», — утверждала Раневская.

Гусарское достоинство

О своих романтических увлечениях Фаина Георгиевна предпочитала не распространяться. Однажды призналась: «Все, кто меня любил, не нравились мне. А кого я любила — не любили меня». Может, поэтому она называла свою судьбу — «шлюхой»?

...Хотя Фаина Георгиевна упорно молчала о своей личной жизни, как партизанка Зоя на допросе, какие-то пикантные истории все же дошли и до нас. Так гуляла байка о том, что в 1915 году у Раневской был любовник — гусар Мариупольского Императрицы Елизаветы Петровны полка.

Вот эпизод из их бурного романа, якобы в редакции самой Раневской:

«...Когда мы остались вдвоем, я уже лежу, он разделся, подошел ко мне, и я вскрикнула:

— Ой, какой огромный!

А гусар довольно улыбнулся и, покачав в воздухе своим достоинством, гордо сказал:

— Овсом кормлю!»

В поисках святого искусства

Раневская утверждала: «Я переспала со многими театрами и ни разу не испытала чувства удовлетворения!»

Фаина Георгиевна вдоволь постранствовала по провинциальным и столичным театрам. Так в Москве, прослужив четыре года в Камерном театре Таирова, она ушла из него в Центральный театр Красной Армии. За ним последовали Театр драмы (ныне им. Маяковского), Театр им. Моссовета и

Театр им. А.С. Пушкина. А потом она опять вернулась в Театр имени Моссовета, где она и прослужила до конца жизни.

Однажды в телевизионном интервью Раневская, со свойственной ей самоиронией, вспоминала свою насыщенную театральную жизнь и скитания по провинциальным и московским театрам. Известная тележурналистка Наталья Крымова спросила ее о причинах столь стремительной и частой смены творческих коллективов:

— Почему Вы столько раз переходили из одного театра в другой? Что Вы искали на новом месте?

В ответ Фаина Георгиевна многозначительно произнесла:

— Искала подлинное святое искусство.

— И что же нашли? — не унималась собеседница.

— Да.

— И где же?

— В Третьяковской галерее, — возвысив голос, торжественно произнесла Раневская.

Диагноз: психопатка

Раневская дружила с великим режиссером Александром Таировым, который, по ее словам, был «не только большим художником, но и человеком большого доброго сердца».

Фаина Георгиевна очень сопереживала Александру Яковлевичу, когда в 1949 году Камерный театр закрыли, а его самого подвергли унизительной антисемитской травле. Это сводило Таирова с ума, отбирало у него последние силы. Год спустя великий режиссер умер.

Раневская тяжело переживала смерть друга и учителя. У нее началась бессонница, перед глазами постоянно стоял ушедший Александр

Яковлевич, она плакала все ночи напролет...

В итоге Фаина Георгиевна вынуждена была даже обратиться к психиатру.

Им оказалась пожилая усатая армянка мрачного вида. Она устроила Раневской настоящий допрос с целью выявить симптомы ее психического расстройства.

Позже Фаина Георгиевна остроумно изображала, как армянка с акцентом спрашивала ее:

— Ну, на что жалуешься?

— Не сплю ночью, плачу.

— Так, значит, не спал, рыдал?

— Да, все время плачу.

— Сношений был? — внезапно спросила армянка, впиваясь в Раневскую взглядом Горгоны.

— Нет, что вы, что вы!

— Так. Не спишь. Рыдал. Любил друга. Сношений не был. Диагноз: психопатка! — безапелляционно заключила врачиха.

Правда-матка

Как-то Фаина Георгиевна, прознав о том, что ее давний друг драматург Николай Эрдман отправляется в гости к самой Щепкиной Куперник, напросилась пойти вместе с ним. Зная пристрастие Раневской к ненормативной лексике, Эрдман строго-настрого предупредил актрису о том, чтобы она в гостях тщательно следила за своей речью.

Татьяна Львовна Щепкина-Куперник, замечательная поэтесса и переводчица, правнучка великого русского актера Михаила Щепкина, была образованнейшей, утонченнейшей женщиной своего времени, поборницей частоты великого русского языка.

— Клянусь тебе, К-х-коленька, что я не пророню ни слова, — обещала другу Раневская.

Татьяне Львовне переводила мировых классиков Шекспира, Лопе

де Вегу, Ростана и жила в полном достатке, содержа трёх или четырёх приживалок. За столом, который ломился от всякой всячины, разговор шёл неторопливый и благопристойный. Фаина Георгиевна стоически молчала, не вмешиваясь в светскую беседу.

Как известно, в свои девичьи годы Щепкина-Куперник была страстно влюблена в Чехова. И разговор за столом, конечно, зашел об Антоне Павловиче, о его горестной судьбе и ялтинском одиночестве, когда его супруге Ольге Леонардовне Книппер все недосуг было приехать...

Когда Щепкина-Куперник с гостями стала обсуждать персону Книппер, «градус» разговора за столом повысился, все немного завелись, единодушно осуждая Ольгу Леонардовну за наплевательское отношение к Антону Павловичу и вообще за легкомыслие. Ощутив опасность ситуации, Николай Эрдман обеспокоенно покосился на Раневскую, но было уже поздно.

— Татьяна Львовна, а ведь Ольга Книппер — бл...дь, — категорично заявила Фаина Георгиевна, — полнейшая бл...дь!

Рубанув правду-матку, Раневская сама обмерла от страха, подумав, что сейчас ей откажут от дома!

Все приживалки истово перекрестились, после чего каждая смиренно сказала:

— Истинно ты говоришь, матушка, — бл...дь.

— Рот на замок! — прикрикнула хозяйка дома, и приживалки тут же смолкли. После чего изысканная Татьяна Львовна всплеснула ручками и очень буднично, со знанием дела воскликнула:

— И вправду, она бл...дь, последняя бл...дь!..

Адский комбинат

На киноэкране Раневская впервые появилась уже в солидном 38-летнем возрасте, когда ее театральный стаж составил целое двадцатилетие. Первые попытки актрисы обратить на себя внимание кинорежиссеров были неудачными.

Все решил счастливый случай. Однажды на улице Раневскую остановил улыбчивый молодой человек. Он признался, что ему безумно понравилась игра актрисы в спектакле Камерного «Патетическая соната», после чего он загорелся желанием, во что бы то ни стало снимать ее в кино. По словам Раневской, она так обрадовалась, что кинулась ему на шею... Этим молодым человеком оказался начинающий кинорежиссер Михаил Ромм, а фильм «Пышка» (1934 г.), куда он пригласил сниматься Раневскую, был его первой самостоятельной режиссерской работой. Фаина

Георгиевна великолепно сыграла в этой картине небольшую роль аристократки госпожи Луазо. Особенно запоминается небольшой эпизод — ее героиня с неподражаемым смаком ест курицу. Даже у сытого человека во время просмотра слюнки потекут — он наверняка бросится к холодильнику и начнет жадно жевать.

Однако, как вспоминала Раневская, съемки «Пышки» проходили в чрезвычайно сложных условиях. Киногруппе предоставили огромный, только что отстроенный, нетопленный, пахнущий сырой штукатуркой, павильон комбината «Мосфильм». От холода у актеров зуб на зуб не попадал. Постоянная суета, мучительно долгая установка света, шум аппаратуры, вечная неразбериха... — все это выводило актрису из себя. К тому же, начальство Москинокомбината предоставляло для съемок «второстепенного» немого фильма только ночные смены. «С тех пор я, как сова, по ночам не сплю!» — жаловалась Раневская. Платье ей сшили из той же ткани, которой обтянули дилижанс, — пудового веса. К тому же, заставили носить накладной живот и ягодицы. «Я чувствовала себя штангистом, месяц не покидающим тренировочный помост!» — с гневом восклицала актриса. После съемок в «Пышке» Раневская поклялась, что никогда не переступит больше порога этого ада!

Не имей сто рублей

Главную героиню в «Пышке» сыграла молодая актриса весьма скромного дарования Галина Сергеева (гораздо больше, чем своими ролями в кино и театре, она известна как жена великолепного тенора Ивана Козловского. — *Ред.*). Зато Сергееву природа наградила роскошным пышным бюстом четвертого размера. Рассказывают, что впервые увидев Галину в платье с глубоким декольте, Раневская, к удовольствию смешливого Ромма, выдала такую остроту:

— Да, не имей сто рублей, а имей двух грудей!

И Фаина Георгиевна не ошиблась: в следующем, 1935 году секретарь ЦИК и лучший друг Сталина Авель Енукидзе, известный ценитель прекрасного пола, лично включил Галину Сергееву в список актеров, достойных предоставления к почетным званиям. Свое неожиданное решение государственный муж объяснил так: «У этой артистки очень выразительные большие... глаза». И Сергеева всего в двадцать лет (!) стала заслуженной артисткой республики. Впрочем, дальнейшая ее судьба в кино не сложилась. Жизнь же Авеля Енукидзе закончилась и вовсе трагически. В 1937 году по личному распоряжению Сталина он был расстрелян, как враг народа.

Глава первая. Жизнь, как байка

Уличная слава

В картине «Подкидыш» (1939 г., режиссер Михаил Ромм) Раневская сыграла властную, командующую подкаблучником-мужем, немолодую женщину по имени Леля.

Фильм уже в первый год проката посмотрело свыше 35 миллионов человек. И своей популярностью картина во многом обязана таланту и остроумию Фаины Георгиевны. Сама же актриса считала роль Лели одной из самых незначительных в свое кинокарьере, а после неожиданного успеха буквально ее возненавидела.

Дело в том, что специально для своей героини Раневская выдумала несколько хлестких запоминающихся фраз. Одна из них — «Муля, не нервируй меня!» — стала настолько крылатой, что всю оставшуюся жизнь преследовала Фаину Георгиевну. Именно выражение «Муля, не нервируй меня!»

первым вспоминали при знакомстве с актрисой. Раневская не могла и шагу ступить — за ней следом сразу же бросались мальчишки, выкрикивая, на свою беду, придуманную Раневской фразу...

Однажды на одной из центральных улиц Москвы актрису окружил целый отряд пионеров. Сорванцы в красных галстуках дружно стали скандировать опостылевшую фразу из «Подкидыша»: «Муля, не нервируй меня!» Раневская не выдержала и скомандовала им в ответ: «Пионэры, стройтесь попарно и идите в жопу!»

Товарищ,
которая «всегда разная»

Иосиф Виссарионович Сталин обожал фильмы с участием Фаины Раневской. «Подкидыш» он мог смотреть без конца. По его словам, эта картина поднимала ему настроение на весь день.

Однажды ночью Фаину Георгиевну разбудил звонок. Это был ее хороший знакомый, великий режиссер Сергей Эйзенштейн. Его голос в трубке звучал необычно торжественно и взволнованно:

— Фаина Георгиевна! Вы бы знали! Слушайте меня внимательно. Я только что из Кремля. И как Вы думаете, что сказал о Ваших работах в кино сам Иосиф Виссарионович?!

Оказалось, Эйзенштейн был на одном из знаменитых ночных просмотров в кремлевском кинозале «вождя народов». После сеанса Сталин произнес короткую хвалебную речь:

— Вот товарищ Жаров замечательный актер... Правда, даже если подкрасится, понаклеит усики, бакенбарды или нацепит бороду, все равно сразу видно, что это товарищ Жаров. А вот товарищ Раневская ничего себе не наклеивает и все равно всегда разная...

Хулиган Брежнев

Фотографию Леонида Ильича Брежнева Раневская аккуратно вырезала из газеты и повесила у себя дома над кроватью.

Актриса так объясняла свой «верноподданнический» поступок:

— Он такой добрый.

Когда Брежнев вручал Фаине Георгиевне в 1976 году в связи с 80-летним юбилеем орден Ленина, то вместо приветствия, улыбаясь, прошамкал: «А вот идет наша Муля, не нервируй меня!». Раневская со свойственной ей прямотой выговорила главному коммунисту страны за это, погрозив пальчиком: «Леонид Ильич, как вам не стыдно, так говорят только хулиганы и мальчишки!» И что же? Всесильный генсек покраснел от смущения и искренне принес свои извинения великой актрисе. А потом признался, что просто по-человечески очень ее любит.

«Ох, он такой добрый», — не уставала повторять Фаина Георгиевна.

Экскурсия в баню

Главную героиню фильма «Подкидыш» — непоседу Наташу — сыграла 5-летняя Вероника Лебедева. Как она вспоминала много времени спустя, Раневская частенько выходила на съемочную площадку в дурном настроении, капризничала, выражала недовольно своей игрой и игрой партнеров. И отчасти ее нервозность можно понять. На съемках фильма актеры работали в плотном окружении зрителей, так как милиции не удавалось справляться с толпищами зевак. «У меня лично было такое чувство, что я моюсь в бане, и туда пришла экскурсия сотрудников из Института гигиены труда и профзаболеваний», — язвила Раневская, описывая съемки «Подкидыша».

Спекулянтка Муля

Поздним летом 1941 года Раневская вместе с семьей своей подруги и педагога Павлы Вульф уехала в эвакуацию в Ташкент. Жилось им трудно и голодно, денег катастрофически не хватало. Раневская решила продать чего-нибудь из одежды и понесла вещи в комиссионный магазин. Ей бы отправиться на барахолку, где обычно и сбывали такой товар, но Раневская хотела, чтобы все было по закону. Однако у входа в комиссионку к ней подскочила бойкая «перекупщица», предложившая приобрести вещи по более выгодной цене, чем дадут в магазине. И Раневская в «приступе предприимчивости» согласилась. Но едва она достала товар из сумки, как рядом с ней сейчас же материализовался страж порядка: молодой узбек-милиционер. И «спекулянтку» на глазах многочисленных зевак повели в отделение. Сгорая от стыда, Раневская изо всех сил старалась делать вид, что они со служителем порядка просто идут куда-то вместе и при этом непринужденно по-дружески общаются...

Но несносная толпа детишек бежала за ней следом по тротуару и в упоении кричала: «Мулю повели! Смотрите, нашу Мулю ведут в милицию!» «Представляете, они радовались, они смеялись, — с негодованием восклицала Раневская. — Я поняла: они меня ненавидят!»

И заканчивала рассказ со свойственной ей гиперболизацией и трагическим изломом бровей:

— Это ужасно! Народ меня ненавидит!

Правда, благодаря такой народной «ненависти», милиционер тут же отпустил ее восвояси.

У каждого свой Муля

В Ташкенте Фаина Георгиевна познакомилась с великой Ахматовой.

Впоследствии их с Анной Андреевной связали долгие годы преданной и нежной дружбы.

Ахматова часто приглашала Раневскую погулять вместе по Ташкенту, они бродили по рынку, по старому городу, подолгу беседовали. Но как-то их философское уединение нарушили несносные дети. Узнав Раневскую, они бросились за ней следом и хором стали громко выкрикивать опостылевшую ей фразу: «Муля, не нервируй меня!». Фаина Георгиевна вышла из себя — она была уверена, что в забытом Богом Ташкенте никто уж точно не нарушит ее покой. «Это очень мешало мне слушать Анну Андреевну. Я остро ненавидела роль, которая принесла мне популярность», — рассказывала Раневская. Но Анна Андреевна успокоила ее: «Не огорчайтесь. У каждого из нас есть свой «Муля». Фаина Георгиевна поинтересовалась: «А что у вас «Муля»?»

— Это мои «Мули», — сказала Анна Андреевна и произнесла знаменитые свои строки: *«Сжала руки под тёмной вуалью...»*

Дуэль нашего времени

В Ташкенте Ахматова рассказала Раневской свою версию лермонтовской дуэли. По-видимому, Лермонтов где-то непозволительным образом отозвался о сестре Мартынова, та была не замужем, отец умер. По дуэльному кодексу того времени (Ахматова его досконально знала) за её честь вступался брат.

Фаина Георгиевна сказала: «Сейчас бы эта ссора выглядела по-другому... Мартынов подошёл бы к Лермонтову и спросил: «Ты говорил, — она заговорила грубым голосом, почему-то с украинским «г», — за мою сестру, что она б...». Слово было произнесено со смаком. «Ну, — в смысле «да, говорил», — откликнулась Ахматова за Лермонтова, — б...». — «Дай закурить, — сказал бы Мартынов. — Разве такие вещи говорят в больших компаниях? Такие вещи говорят барышне наедине... Теперь без профсоюзного собрания не обойтись...» (по А. Найману).

С Пушкиным
на дружеской ноге

Раневская любила пересказывать случай, о котором когда-то ей поведала ей Анна Ахматова:

— В Пушкинский дом пришел бедно одетый старик и просил ему помочь, жаловался на нужду, а между тем, он имеет прямое отношение к Пушкину.

Сотрудники Пушкинского дома в экстазе кинулись к старику с вопросами, каким образом он связан с Александром Сергеевичем?

Старик гордо объявил:
— Я являюсь праправнуком самого Фаддея Булгарина.

Прополка сорняков в поэзии

Однажды Анна Андреевна Ахматова рассказала Раневской о том, как в январе 1940 года ей с огромным трудом удалось опубликовать позже ставшее хрестоматийным стихотворение:

Когда б вы знали, из какого сора
Растут стихи, не ведая стыда,
Как желтый одуванчик у забора,
Как лопухи и лебеда.

В том же сороковом году стихотворение Ахматовой должны были прочитать по радио. Но, казалось бы, невинные строки вызвали негодование советских цензоров и послужили основанием к запрету эфира. Секретарь Ленинградского обкома по пропаганде товарищ Бедин написал на экземпляре стихотворения Ахматовой свою краткую резолюцию: «Надо писать о полезных злаках, о ржи, о пшенице, а не о сорняках».

Диалог с хрюшками

Обидно, что Раневская, глубоко драматическая по сути актриса, сыграла на в кино лишь комедийные, характерные, второстепенные роли. Но каждая из этих ролей, каждая реплика персонажей Раневской, чаще всего придуманная самой Фаиной Георгиевной, запоминается надолго.

В сценариях некоторых фильмов роль для великой актрисы Раневской вообще отсутствовала. Поэтому ей приходилось с нуля «лепить» образ своей героини и самой сочинять для нее текст. Так было в 1937 году съемках фильма «Дума про казака Голоту» по мотивам повести Аркадия Гайдара «Р. В.С.». Режиссер Игорь Савченко честно признался: «Фаина Георгиевна, должен извиниться, но роли, собственно, для вас нет. Однако очень хочется видеть вас в моем фильме. В сценарии есть поп, но если вы согласитесь сниматься, могу сделать из него попадью». Актриса с готовностью ответила: «Ну, если вам не жаль вашего попа, можете его оскопить. Я, конечно, согласна». Единственное, на чем Фаина Георгиевна настояла — ее героиня попадья не должна быть бессловесной. Режиссер согласился. Если бы знала Раневская, что на экране ей придется разговаривать только с птичками и свинками!

На следующий день ранним утром актриса была уже в павильоне, готовая для кинопроб. Игорь Савченко попросил Фаину Георгиевну постараться придать ее персонажу какие-то гротескные черты. Грим и костюм попадьи, которых Раневская немало сыграла в молодости в провинциальных театрах, по просьбе актрисы дополнили потрепанным ридикюлем, который она непрестанно теребила, то открывая, то закрывая. Игорь Андреевич поставил перед актрисой клетку с канарейками и сказал: «Ну, а теперь говорите с ними, говорите все, что вам придет в голову, импровизируйте». Обернувшись к осветителям, режиссер распорядился: «Дайте свет!».

Пока ставили аппаратуру, Фаина Георгиевна мгновенно придумала текст. Она сунула палец в клетку и обратилась к птичкам со словами: «Рыбы мои дорогие, вы все прыгаете, прыгаете, покоя себе не даете». А тем временем оператор снял весь этот монолог на пленку...

Потом режиссер подвел актрису к закутку, где стояли свинья и поросята, и попросил: «Ну а теперь побеседуйте с хрюшками». И Раневская произнесла тут же выдуманный текст: «Ну, детки, детки вы мои родные, кушайте на здоровье!..» Поросята довольно захрюкали. А вся киногруппа схватилась за животы от смеха. Савченко крикнул: «Стоп!»

Это был редчайший случай в истории кинематографа, когда первая кинопроба так и вошла без изменений в фильм.

Лев Маргаритович

Личная жизнь Раневской была во многом похожа на жизнь ее героини из фильма «Весна» (1947 г.) — забавной «городской сумасшедшей», домработницы Маргариты Львовны. Наверное, именно поэтому этот персонаж Фаины Георгиевны получился наиболее ярким и запоминающимся во всей картине. И самым смешным тоже.

Когда режиссер Григорий Александров пригласил Фаину Георгиевну сниматься в «Весне», то в сценарии ее Маргарите Львовне отводился лишь один эпизод: экстравагантная домработница подавала завтрак своей племяннице в исполнении Любови Орловой.

— Можете сделать себе роль, — разрешил Раневской Александров.

Так родился пресмешной разговор по телефону, придуманный Фаиной Георгиевной:

— Скорую помощь! Помощь скорую! Кто больной? Я больной! Лев Маргаритович. Маргарит Львович...

Восторг зрителей вызвали и другие фразы домработницы Маргариты Львовны: «Я возьму с собой «Идиота», чтобы не скучать в троллейбусе!», «Красота — это страшная сила!».

(Кстати, последняя фраза, которую ошибочно приписывают Раневской, является цитатой из стихотворения «Дурнушка» (1883 г.) Семена Яковлевича Надсона. — *Ред.*)

Королевство маловато

Возможно, и фильм «Золушка» (1947 г.) не стал бы таким культовым, если бы в нем замечательно не сыграла Фаина Раневская. Ее знаменитая Мачеха очаровывает зрителей даже при всей своей злобе и коварстве. Как можно забыть ее легендарную фразу: «Жаль, королевство маловато! Разгуляться негде. Ну ничего! Я поссорюсь с соседями! Это я умею!!».

Автор сценария фильма, великолепный драматург Евгений Львович Шварц никогда не допускавший ни малейших изменений в тексте своих пьес и сценариев, только Фаине Раневской он позволил что-то добавить от себя.

Так в фильме появилась целая сцена, придуманная актрисой. Мачеха, готовясь к балу, всхлипывая, садится к зеркалу, а Золушка подает ей диковинные павлиньи перья, которые «старуха с большими связями» кокетливо прикладывает к своей голове:

— Я работаю, как лошадь. Бегаю (прикладывает перо), хлопочу (перо), требую (перо), добываю и добиваюсь (перо), очаровываю (тощее павлинье перо)...

Можно только пожалеть, что режиссер «Золушки» Надежда Кошеверова вырезала из фильма один из эпизодов с участием актрисы, где Фаина Георгиевна давала волю своей импровизации. Когда хрустальный башмачок приходился по ноге дочери Мачехи, Раневская громко командовала капралу: «За мной!» И тут же запевала: «Эх ты, ворон, эх ты, ворон, пташечка! Канареечка жалобно поет!» — и маршировала во дворец. Кошеверова решила, что эта сцена лишняя и убрала ее на монтаже. А Фаина Раневская неистовствовала: «Как же так? Можно подумать, что мне приходилось в кино часто петь!»

Но этот случай, пожалуй, исключение. Большинство режиссеров считали невероятной удачей, если Раневская дополняла их фильмы своими искрометными фразами.

Независимо от качества фильма, это гарантировало ему зрительский успех.

Яркие семитские черты

Осенью 1942 года Сергей Эйзенштейн просил утвердить Раневскую на роль княгини Ефросиньи Старицкой в фильме «Иван Грозный». По словам режиссера, он писал образ тетки царя как раз под Фаину Георгиевну. Из Алма-Аты, куда во время войны переехал «Мосфильм», Эйзенштейн прислал Раневской сценарий. Актриса приехала к режиссеру из Ташкента, они долго беседовали, обсуждая роль.

В свое время именно Сергей Эйзенштейн дал скромной, не уверенной в себе, заикающейся дебютантке, только засветившейся на «Мосфильме», совет, который оказал серьезное влияние на ее жизнь.

— Фаина, — сказал Эйзенштейн, — ты погибнешь, если не научишься требовать к себе внимания, заставлять людей подчиняться твоей воле. Ты погибнешь, и актриса из тебя не получится!

Вскоре Раневская продемонстрировала наставнику, что у него чему-то научилась.

Но, несмотря на все старания режиссера, Фаина Георгиевна не была утверждена на роль Ефросиньи Старицкой. Запрет шел с самого верха. По словам Председателя Государственного комитета по кинематографии Ивана Большакова, на кинопробе «семитские черты Раневской очень ярко проступали, особенно на крупных планах».

Узнав, что ее не утвердили на роль в «Иване Грозном», Фаина Георгиевна пришла в негодование, грешным делом подумав, что это произошло по вине режиссера. В сердцах она воскликнула:

— Лучше я буду продавать кожу с жопы, чем сниматься у Эйзенштейна!

«Доброжелатели» незамедлительно донесли режиссеру «Броненосца» высказывание актрисы, и он отбил Раневской из Алма-Аты ироничную телеграмму: «Фаина Георгиевна, как идет продажа?»

Терпкий талант

Однажды Раневская поведала Глебу Скороходову о том, как в свое время гостила на даче у самого Алексея Николаевича Толстого и о тосте, который сказал выдающийся писатель в ее честь. Фаина Георгиевна клялась, что больше про этот случай никому никогда не рассказывала («Такая, бл...дь, стеснительная»).

Раневская: «Итак, я в гостях на даче Толстого, он поднимает бокал:

— Я хочу выпить за терпкий талант Раневской.

После застолья я подошла к нему:

— Алексей Николаевич, меня тронула ваша оценка. Я только не поняла, почему «терпкий»?

— От запаха скипидара очень долго нельзя избавиться. После «Мечты» ваша старуха ходила за мной по пятам. Выйду в сад к цветам — она передо мной. Сяду за стол, чтобы писать, не могу — она, проклятая, рядом, наблюдает за каждым моим движением. Две недели преследовала, еле избавился. Вот сейчас вспомнил, и снова она как живая. Вы не актриса, вы актрисище!»

Напугала классика

Раневская мечтала попасть в труппу Художественного театра.

Ее добрый друг Василий Иванович Качалов устроил ей встречу

с самим Немировичем-Данченко. В кабинет легендарного художественного руководителя МХАТа Фаина Георгиевна вошла, страшно волнуясь. Владимир Иванович начал с комплимента. Он сказал, что хотя, к его стыду, еще не имел возможности видеть Раневскую на сцене, ему о ней рассказали столько всего хорошего, что он всерьез подумывает включить ее в состав труппы Художественного театра. Неимоверно обрадованная Фаина Георгиевна вскочила со стула и, бросившись классику на шею, начала его истово благодарить. К несчастью, от волнения Раневская перепутала имя-отчество Немировича-Данченко. А знаменитости такое, известно, не прощают.

— Спасибо вам, дорогой Василий Петрович! Этот день, Василий Петрович, я никогда не забуду! — со слезами благодарности на глазах воскликнула актриса.

— Он как-то странно посмотрел на меня, что я выбежала из кабинета, не простившись, — вспоминала потом Раневская.

Утром секретарша Владимира Ивановича сообщила Раневской, что приказ о её зачислении в труппу Художественного театра отложен.

Оказалось, навсегда.

В тот же день Раневская в слезах рассказала все Василию Качалову. Он скрепя сердце опять пошел к Владимиру Ивановичу с просьбой принять Раневскую вторично.

— Нет, Василий Иванович, — твердо сказал Немирович, — и не просите. Она какая-то ненормальная. Я ее боюсь.

Сосланный Бог

Раневскую связывала искренняя дружба с Соломоном Михоэлсом («Не знаю человека умнее, блистательнее его»). Она тяжело переживала страшную смерть великого актера и режиссера, в 1948 году вроде бы по трагической случайности сбитого грузовиком. Как выяснилось позже, это было убийство, тщательно инсценированное НКВД по личному указанию Сталина.

...Однажды какой-то знакомый хотел сделать Фаине Георгиевне комплимент и сказал: «У вас такой юмор искрометный...» Раневская улыбнулась: «Ну, что вы... Разве это юмор! Вот иду я по улице Горького с Михоэлсом, а навстречу идет Завадский. Я говорю Михоэлсу: «Есть люди, в которых живет дьявол, а вот в этом человеке могут жить только глисты. В вас же живет Бог». А он мне сразу, без паузы, отвечает: «Фаечка, если во мне живет Бог, значит, он туда сослан!».

Простите, миледи!

Партнерша Раневской по сцене Театра драмы (ныне Театра им. Маяковского. — *Ред.*), актриса Клавдия Пугачёва вспоминала: «Фаина интересовалась литературой, поэзией, музыкой, любила писать масляными красками пейзажи и натюрморты, как она их называла, «натур и морды». Она любила говорить образно, иногда весьма озорные вещи. Высказывала их с большим аппетитом и смелостью, и в её устах это звучало как-то естественно. Она знала, что я не любила и никогда не употребляла подобных слов и выражений, и поэтому, высказавшись от души, добавляла: «Ах, простите, миледи, я не учла, что вы присутствуете».

Реабилитация яиц

Во время войны не хватало многих продуктов, в том числе и куриных яиц. Для приготовления яичницы и омлетов использовали яичный порошок, который поставляли в Россию американцы по ленд-лизу. Народ к этому продукту относился настороженно, поэтому в прессе постоянно печатались статьи о том, что порошок очень полезен, а вот натуральные яйца, наоборот же, очень вредны.

Война закончилась, появились продукты, и куриные яйца стали встречаться на прилавках все чаще. В один прекрасный день несколько газет поместили статьи, утверждающие, что натуральные яйца очень полезны и питательны. Говорят, в тот вечер Раневская позвонила знакомым и сообщала:

— Поздравляю, миленькие мои! Наконец-то яйца реабилитированы!

Немузыкальная фамилия

Советского композитора Вано Ильича Мурадели по праву назвали гимнопевцем компартии. Он был автором поэмы «Вождю», «Кантаты о Сталине», «Песни-здравицы» в честь И. В. Сталина, песня «Нас воля Сталина вела» и т. п.

Раневская не признавала таких дутых авторитетов. Однажды и обласканный партией Мурадели попался на ее острый язычок.

— А ведь вы, Вано, никакой вовсе и не композитор! — поддела она его.

— Это почему же я не композитор? — с кавказской горячностью вскричал Мурадели.

— Да потому, что у вас фамилия такая. Вместо «ми» у вас «му», вместо «ре» — «ра», вместо «до» — «де», вместо «ля» — «ли». Вы же, Вано, в ноты не попадаете! — разложила композитора «по полочкам» Раневская.

Опасный номер

На гастролях в Ленинграде в 1950 году Фаину Георгиевну разместили в роскошном номере в гостинице «Ев-

Глава первая. Жизнь, как байка

ропейская» с видом на Русский музей, сквер и площадь Искусств. Раневская здесь все очень нравилось, она с удовольствием принимала в своих крутых апартаментах ленинградских друзей, и как обычно травила им антисоветские анекдоты, ругала власть и тупых чинуш. Через неделю к ней зашел администратор и предложил переехать в такой же номер на другой этаж.

— Это почему вдруг? — возмутилась Фаина Георгиевна. — Номеров много, а Раневская у вас одна.

— Да, да, — пролепетал администратор, — но мы очень вас просим переехать, уверяем, в новом номере вам будет гораздо удобнее.

— Мне и здесь хорошо, — уперлась Фаина Георгиевна.

Тогда наутро к ней лично явился директор «Европейской», по ее словам, «маленький, кривой неариец» — с просьбой переехать в другой номер. «Он не выговаривал ни одной буквы, а я сразу начала заикаться, — рассказывала потом Раневская. — Вообразите наш диалог. Бегая глазами, он сообщил мне, что ждет вскоре какого-то иерарха, а мой номер единственный с прослушивающей техникой».

После этого Фаина Георгиевна моментально переехала в предложенный ей номер этажом выше. Но на новом месте в оставшиеся ночи она так и не смогла уснуть, поскольку с ужасом вспоминала, что наговорила в опасном номере с «жучком», и гадала, что с ней теперь будет...

За кремлевской стеной

Однажды в Кремле устроили очередной прием и пригласили на него самых заслуженных и известных людей страны. По высочайшему решению попала на эту светскую вечеринку и Фаина Георгиевна Раневская. Предполагалось, что великая актриса будет веселить гостей, но ей самой это было совсем не по духу. Весь вечер Раневская молчала, грустно потупив голову. Кремлевские вельможи был разочарованы. Один высокопоставленный партийный работник даже сделал выговор великой старухе:

— Мне кажется, товарищ Раневская, что даже самому большому в мире глупцу не удалось бы вас рассмешить.

— А вы попробуйте, — простодушно предложила Фаина Георгиевна.

— Товарищ Раневская, ох, и трудно сейчас жить честным людям! — на том же приеме пожаловался Фаине Георгиевне один видный партиец.

— Ну а вам-то что? — язвительно заметила актриса.

Не наша идея

Однажды судьба столкнула Фаину Георгиевну с самим Кагановичем, всесильным советским «серым кардиналом». Лазарь Моисеевич был инициатором создания культа личности «отца народов» и главным организатором репрессий 1930-х годов.

— Прогуливаюсь как-то по аллее в правительственном санатории в Сочи, — вспоминала Раневская. — Мне навстречу идет Каганович, узнал меня и сходу начал разговор:

— Как вы там поживаете в театре? Над чем работаете?

— Ставим спектакль «Белые ночи» по Достоевскому.

Тогда он с экзальтацией воскликнул:

— А идея там какая, какая идея?

— Идея в том, что человек не должен убивать человека, — спокойно ответила Раневская.

И тут стремительно последовала категоричная оценка «серого кардинала» партии, с отрепетированным руководящим жестом рукой:

— Это не наша идея. Не наша.

И Каганович быстро удалился.

Глава первая. Жизнь, как байка

Осторожно, г...!

Раневская каялась, что иногда, малодушно уступая просьбам кинорежиссеров, играла в фильмах, от которых, по ее словам, ей «хотелось блевать». Зато потом ругала себя долго и беспощадно. Фаина Георгиевна утверждала, что советский кинематограф стал «братской могилой ее ролей».

Актер и режиссер Борис Львович вспоминал, что его тетка, жившая в Риге, часто бывала в Москве и в доме подруги встречалась с Раневской. Тетку по совпадению тоже звали Фаиной, и Раневскую это радовало. «Мы с вами две Фаньки, — говорила она, — очень редкое имя!» Однажды она вдруг позвонила тетке в Ригу, чего до той поры никогда не делала. «Фанечка, — прогудела она в трубку своим неповторимым басом, — вы уже посмотрели фильм «Осторожно, бабушка!» со мной в главной роли?»

Тетка ужасно разволновалась:

— Нет, Фаина Георгиевна, к сожалению, еще не видела, но завтра же пойду посмотрю, наверное, у нас уже где-нибудь идет?

— Ага, ага, наверное, идет, — сказала Раневская, — так я чего звоню-то? Не ходите ни в коем случае: фильм редкое говно!

Даная с папироской

Одной из ярчайших театральных работ Раневской была роль Бабушки в спектакле Театра им. Пушкина «Деревья умирают стоя». Артист Витольд Успенский, игравший на сцене ее внука, рассказал Борису Львовичу, как Фаина Георгиевна однажды нахулиганила. На гастролях собрались как-то молодые актеры выпить-закусить. Бегут гурьбой по гостиничной лестнице вниз, в ресторан, а навстречу тяжело поднимается Раневская. «Ах, молодые люди, — завздыхала она, — вы бежите гулять-веселиться, а я, старая старуха, буду лежать в номере одна, в тоске и грусти...» «Фаина Георгиевна, — загалдели молодые наперебой, — идемте с нами в ресторан, для нас это такая честь — посидеть с вами!..» «Нет, дорогие мои, — вздыхала та, — я старая старуха, я уж буду в номере лежать... Разве что чашечку кофе мне принесите!» «Вот вы, дружок, — обратилась она к артисту Шевцову, — не откажите в любезности...» «Момент! — крикнул Шевцов, — для вас — все!!» Вот он держит чашечку кофе, стучит в дверь Раневской, слышит ее бас: «Войдите!»... Входит — и от неожиданности роняет чашку. Положив на пол матрас, открыв настежь окна, лежит совершенно голая, как Даная, великая артистка и курит. Шевцов уронил чашку. Невозмутимо посмотрев на остолбеневшего Шевцова, Раневская пророкотала: «Голубчик, вас шокировало, что я курю «Беломор»?»

Вышла из положения

Однажды Раневская пришла домой после спектакля уставшая, промокшая до костей. Только переступила порог — тут же зазвонил телефон. Это был один из почитателей, принявшийся осыпать актрису комплиментами. А она стояла в мокрых ботинках и пальто, устало кивая: «Да, да, да». И так почти целый час. В конце концов, Раневская не выдержала и сказала: «Извините, не могу больше говорить, ведь я говорю с вами из телефона-автомата, здесь уже толпа ждет, в дверь будки колотят».

Однажды кто-то часа в два ночи позвонил Раневской. Она сняла трубку и нараспев произнесла: «Алло-о-о...»

— Это номер: 265-07-89? — уточнил кто-то на том конце провода.

— Вы с ума сошли, — отвечала Фаина Георгиевна, — у меня вообще нет телефона.

В другой раз назойливая поклонница стала выпрашивать у Фаины Георгиевны номер ее телефона. На что та ответила с искренним изумлением в глазах:

— Милая, вы что, с ума сошли? Ну откуда я знаю свой телефон? Я же сама себе никогда не звоню.

Крайняя мера

Когда Фаина Георгиевна жила в одной квартире со своей подругой и педагогом Павлой Леонтьевной Вульф, она принимала посильное участие в воспитании маленького Алеши Щеглова, своего «эрзац-внука».

Как-то раз мальчик ночью стал капризничать и не засыпал. Павла Леонтьевна смело предложила:

— Может, я спою ему колыбельную?

— Ну, зачем же сразу так сурово, — возразила Раневская. — Давай еще попробуем по-хорошему.

Красная Шапочка и математика

Однажды после вечернего чтения маленький Алеша Щеглов спросил свою «эрзац бабушку»:

— А как Красная Шапочка узнала, что на кровати лежит не бабушка, а серый волк?

— Да очень просто: внучка просто посчитала ноги — волк имеет аж четыре ноги, а бабушка только две. Я же тебе говорила: «Арифметика — великая вещь. И ее надо знать назубок».

Черным по белому

Как-то маленький Алеша спросил у Фуфы:

— Что это ты все время пьешь что-то из бутылочки, а потом пищишь «пи-пи-пи»?

— Это новое лекарство, — отвечает Раневская. — Читать умеешь? Вот читай: на бутылочке черным по белому написано: «Принимай после пищи».

Днем с огнем

Фаина Раневская долго прожила в доме номер 7 по Старопименовскому переулку в самом центре Москвы. В комнате актрисы в огромной коммунальной квартире было всегда темно, поскольку та почти упиралась своим остекленным эркером в стену соседнего здания. И днем и ночью Раневской приходилось включать электричество. Словом, эту комнату Фаине Георгиевне так и хотелось уподобить гробу. Гостям, приходящим к ней домой впервые, хозяйка жаловалась:

— Эх, живу, как Диоген. Посмотрите, днем с огнем!

Актрисе Марии Владимировне Мироновой Раневская заявила:

— Моя комната не предназначена для людей. Это сущий колодец. Я чувствую себя ведром, которое туда опустили.

— Но ведь так нельзя жить, дорогая Фаина Георгиевна! — в сердцах воскликнула Мария Владимировна.

— А к-хто вам сказал, что это жизнь? — последовал резонный ответ.

Приспичило

В начале 1950-х годов Фаине Георгиевне наконец-то дали отдельную квартиру. Причем, сразу просторную двушку в элитной сталинской высотке на Котельнической набережной. В это доме жили сплошь знаменитости: актрисы Клара Лучко, Лидия Смирнова, Нонна Мордюкова, Марина Ладынина с мужем кинорежиссером Иваном Пырьевым, поэт Александр Твардовский, балерина Галина Уланова, дрессировщица Ирина Бугримова, композитор Никита Богословский. Последний, известный шутник, придумал такую фривольную загадку: «В нашем доме в одной квартире девять лауреатов спят в одной постели. Кто это?» Гости терялись в догадках и строили недвусмысленные предположения о звездной «групповухе». «Пырьев с Ладыниной!» — довольно потирал руки композитор, выслушав все пикантные версии. На двоих у актрисы и режиссера действительно было 9 государственных премий.

Отношения Фаины Георгиевны со звездными соседями складывались по-разному. Больше всего она сдружилась с автором «Василия Теркина». Александр Твардовский часто заходил к актрисе просто так, по-свойски. А начались их соседские посиделки с небольшого конфуза:

как-то поэт забыл ключи, а его домочадцы все как назло были на даче. И тут Твардовскому нестерпимо захотелось в туалет. Не справлять же великому поэту нужду на лестничной площадке?! Пришлось позвонить в квартиру этажом ниже, к Раневской. «Понимаете, дорогая знаменитая соседка, я мог обратиться только к вам. Звоню домой — никто не отвечает. Понял — все на даче. Думаю, как мне быть? Вспомнил, этажом ниже — вы. Пойду к ней, она интеллигентная. Только к ней одной в этом доме, — высокопарно начал поэт и тут его голос дрогнул. — Ой, извините, понимаете, жутко приспичило... Мне нужно в туалет...» Глаза у поэта были виноватые, как у нашкодившего ребенка.

Потом она кормила его завтраком... Знакомство, начавшееся столь оригинально, понравилось обоим, поэт проговорил с актрисой несколько часов кряду. Провожая незваного гостя, Раневская пригласила его почаще заходить к ней: «Приходите еще, — говорила актриса, — двери моего клозета всегда открыты для вас!».

Выкрутилась

Кстати, актриса получила квартиру в знаменитом доме на Котельнической благодаря случайному вмешательству самого грозного КГБ. Будучи уже «заслуженной» и «народной», Фаина Георгиевна не по статусу долго делила с соседями коммуналку в Старопименовском переулке — отдельную квартиру власти обещали выделить лишь со временем. Но неожиданно персоной Раневской заинтересовался всесильный Комитет государственной безопасности. На встречу с Раневской для моментальной «вербовки в лоб», по терминологии чекистов, послали молодого капитана по фамилии Коршунов. Он начал издалека, рассказав актрисе о сложной политической ситуации в мире, о подрывной деятельности секретных служб и Госдепа США, стремящихся к развалу великого братского СССР. Невзначай Коршунов напомнил актрисе также и о долге каждого советского гражданина оказывать посильную помощь КГБ в его благородной миссии по охране великих завоеваний социализма.

Фаина Георгиевна быстро поняла, к чему клонит капитан, и ловко выкрутилась из щекотливой ситуации. С пафосом в голосе актриса заявила, что предложение сотрудничать со славными органами для нее, несомненно, высочайшая честь, и она давно ждала этого момента, но... Есть одно маленькое «но»! Во-первых, она живет в коммунальной квартире, а во-вторых, громко разговаривает во сне. А вдруг ночью, во сне, она непроизвольно начнет сама с собой обсуждать способы выполнения секретного задания? Назовет фамилии, имена и клички агентов, явки, пароли, время встреч и прочее... А у стен тоже есть уши... Да и ее соседи-болтуны по коммуналке — настоящая находка для шпионов!

После этой истории Фаина Георгиевна и получила отдельную квартиру в престижном доме на Котельнической набережной. Правда, всемогущий Комитет остался внакладе: «стучать» на своих новых соседей Раневская под разными хитроумными предлогами наотрез отказывалась. В конце концов, пришлось людям из органов оставить актрису в покое.

Над хлебом и зрелищем

Но с жильем актрисе, можно сказать, опять не повезло. Раневская жаловалась подруге по телефону: «Получила новую квартиру (в высотке на Котельнической набережной. — *Ред.*). Отопление не работает. В туалете холод. Сижу на унитазе, как орел во льдах». Но это была вполне решаемая сантехническая проблема. Беда была в том, что окна расположенной на втором этаже квартиры Фаины Георгиевны выходили в каменный внутренний двор. А там располагался выход из популярного кинотеатра «Иллюзион» и место, где разгружали хлебные фургоны для здешней булочной-кондитерской. Ранним утром грузчики жутко матерились и шумели, не давая спать. Поздним вечером громко топала и хохотала публика, расходясь после последнего сеанса из «Иллюзиона». Но мало того — дни напролет с детской площадки под ее окнами доносился гомон и смех играющей и веселящейся ребятни.

— Я живу над хлебом и зрелищем, — жаловалась Раневская.

Скромный гений

Ещё на съёмках фильма «Весна», которые проходили в Праге, Фаина Георгиевна встретилась со своей семьей, переехавшей туда после эмиграции. Они начали общаться. Через несколько лет сестра Раневской красавица Изабелла (Белла), теперь носившая фамилию Ален, овдовев, решила переехать в Советский Союз. Казалось бы, неустранимые бюрократические формальности помогла уладить министр культуры Е.А. Фурцева, покровительствовавшая Фаине Георгиевне. Всесильная «Екатерина Великая», как ее по праву прозывали, ходатайствовала, чтобы возвращенку прописали в квартиру сестры на Котельнической набережной. Все вроде бы складывалось хорошо. Однако, Белла, долгие годы прожившая в Париже, была до крайности подавлена убогостью советского быта. Она так и не смогла привыкнуть к новой реальности. Через несколько лет после переезда врачи обнаружили у нее рак. Раневская возила сестру к самым авторитетным медицинским светилам, устраивала в элитные больницы, как могла выхаживала, но не спасла. Белла умерла в 1964 году.

Протоирей Михаил Ардов, в молодости часто бывавший дома у великой актрисы, рассказал такой случай. Однажды он увидел на столе Раневской фотографию, на которой были запечатлены две фигуры: сама Фаина Георгиевна и Екатерина Алексеевна Фурцева, которая смотрела на актрису снизу вверх и очень преданно. На оборотной стороне снимка рукою Раневской было написано буквально следующее:

«Е.А. Фурцева: Как поживает ваша сестра?

Я: Она умерла...»

Повертевши фотографию в руке, Ардов заметил иронически:

— Фаина Георгиевна, а Фурцева на этом снимке играет лучше, чем вы...

Но его выпад Раневская игнорировала и произнесла:

— Я очень, очень ей благодарна... Она так мне помогла. Когда приехала моя сестра из Парижа, Фурцева устроила ей прописку в моей квартире... Но она крайне невежественный человек... Я позвонила ей по телефону и говорю: «Екатерина Алексеевна, я не знаю, как вас благодарить... Вы — мой добрый гений...» А она мне отвечает: «Ну что вы! Какой же я — гений?.. Я скромный советский работник...»

Чистая лирика

На день рождения известной балерины Татьяны Вечесловой в ее доме собралось сорок — пятьдесят человек гостей. Пришли поздравить именинницу Анна Андреевна Ахматова вместе с Фаиной Георгиевной, оказавшейся в ту пору в Ленинграде.

В тот вечер за столом Раневская сказала собравшимся гостям: «Знаете, я вчера перечитывала Пьера Ронсара, это восхитительно...» И стала читать стихотворения великого поэта по-французски, а потом и в русском переводе, опустив веки, чуть раскачиваясь под строфу:

В твоих объятьях даже смерть желанна!
Что честь и слава, что мне целый свет,
Когда моим томлениям в ответ
Твоя душа заговорит нежданно...

Но вдруг, неожиданно прервавшись и широко раскрыв глаза, спросила: «Ну как? Обосраться можно, верно?!»

Париж — это провинция

«Шведы требуют для меня нобелевку, — как-то сказала Ахматова Раневской и достала из сумочки газетную вырезку. — Вот, в Стокгольме напечатали». — «Стокгольм, — произнесла Раневская. — Как провинциально!». Ахматова засмеялась: «Могу показать то же самое из Парижа, если вам больше нравится». — «Париж, Нью-Йорк, — продолжала та печально. — Всё, всё провинция». — «Что же не провинция, Фаина?» — тон вопроса был насмешливый: Ахматова насмехалась и над Парижем, и над серьёзностью собеседницы. «Провинциально всё, — отозвалась Раневская, не поддаваясь приглашению пошутить. — Всё провинциально, кроме Библии» (Анатолий Найман).

Друга любить — себя не щадить

— Не знаю большего величия, чем доброта, — говорила Фаина Георгиевна. «Друга любить — себя не щадить.

Я была такой», — записала она в своем дневнике.

Многие современники Фаины Георгиевны знали ее как вспыльчивого, порой капризного, часто язвительного человека. Но никто и никогда не знал ее скупердяйкой и жадиной.

Однажды, когда Фаине было пятнадцать, она увидела, что по улице идет её сверстница. Была осень, холодина стояла страшная, а девочка почему-то была босиком. Фаина отдала ей свои модные туфли какой-то очень известной в те времена фирмы — с тупыми вывороченными носками. А когда благодетельница вернулась домой, разразился страшный скандал. Отец Гирши Хаймович набросился на Фаину, возмущенно потрясая кулаками: «В этом доме нет ничего, что ты заработала! Как ты могла отдать не принадлежащую тебе вещь! Изволь вести себя так, как подобает девушке из приличной семьи». Фаине тогда впервые захотелось убежать из дома...

Добрая знакомая Раневской певица и актриса Елена Камбурова вспоминала: «Она дарила все — книги, пластинки, вещи. Однажды подарила мне платье, которое было сшито в Париже — безумной красоты, я на него смотрю и до сих пор не решаюсь надеть... Любила угощать. Встречая гостей, первым делом спрашивала: «Не голодны ли вы?» Однажды она сказала мне: «Утром приходила Мариночка Неелова, принесла огурцы, зелень, и я подумала: как хорошо — вечером придет Камбурова, будет, чем угостить».

«Когда я уходила из ее квартиры, то должна была проверить свои карманы, потому что она норовила засунуть тебе духи, салфеточки, — вспоминала Марина Неелова, талант которой Фаина Георгиевна высоко ценила. — У Фаины Георгиевны была потребность делиться. Дверь в ее квартиру была открыта днем и ночью. Этим, к сожалению, часто пользовались «добрые люди».

Страшно отомстила

Да, бескорыстие и отзывчивость Фаины Георгиевны как магнитом притягивали к ней всевозможных жуликов и мошенников. Раневская прекрасно осознавала, что зачастую не только порядочные люди пользуются ее расположением и добротой. Но ничего поделать с собой не могла.

Как рассказывала Марина Неелова, однажды Фаине Георгиевне позвонил молодой человек, сказав, что он студент-филолог и сейчас напряженно готовится к защите дипломной работы о творчестве Пушкина. На эту тему Раневская была готова говорить всегда. Юноша стал посещать квартиру Фаины Георгиевны чуть ли не каждый день. Приходил с пустым портфелем, а уходил с тяжеленным. Вынес половину богатой домашней библиотеки актрисы. Как выяснилось, Фаина Георгиевна прекрасно знала об этом. «И вы никак не реагировали? «Почему?» — спросила ее изумленная Неелова. «Я ему страшно отомстила!» — «Как же?» — «Когда он в очередной раз пришел ко мне, я своим голосом через запертую дверь сказала: «Раневской нет дома».

Святые деньги

Актриса Клавдия Пугачева вспоминала: «Если мы жили в одном номере (на театральных гастролях. — *Ред.*), у нас были общие деньги на еду. Фаина их прятала и всегда забывала куда. Каждый раз мы их в панике разыскивали и, как правило, находила их я. Поэтому Фаина называла меня Шерлок. Когда мы шли на базар, коронный номер Фаины была раздача милостыни, причём крупными купюрами. Всяческие забулдыги знали это и караулили её у ворот рынка. «Капа, начинала Фаина, — посмотри на этого юношу, посмотри, какие у него глаза, дай ему 100 рублей. Скажи ему, что это от Раневской» — «Фаина, вот тебе 10 рублей, дай ему сама и скажи, что хочешь». И так много раз. Возвращаемся в гостиницу. «Фаина, мы сегодня раздали всё, что было до зарплаты». — «Пошлячка, как ты можешь считать эти святые деньги!».

Не тот день

Да, Фаина Георгиевна была безотказным человеком. Крайне редко она и говорила какому-то просителю «нет». Но иногда и это случалось.

Однажды у Раневской в очередной раз стали выклянчивать деньги, уверенные в ее безотказности. Назвав внушительную сумму, добавили:

— Вы ведь добрый человек, вы не откажете.

— Во мне два человека, — непривычно жестко ответила Фаина Георгиевна. — Добрый не может отказать, а второй может. Сегодня как раз дежурит второй.

Лучше роль, чем орден на галоши

Ольга Аросева вспоминала, как трогательно заботилась о ней Фаина Георгиевна в первые послевоенные годы, какой безумно доброй была. Раневская всячески опекала тогда еще начинающую актрису, только что поступившую в Ленинградский театр драмы, которым руководил режиссер Николай Акимов. В 1946 году Фаина Георгиевна приехала в Ленинград на съемки «Золушки», где потом изумительно сыграла злую мачеху. Тогда в городе на Неве открылись первые коммерческие магазины и рестораны, и Раневская покупала для Аросевой в кафе «Квисиссан» слоеные мясные пирожки, наподобие нынешних круассанов, маленькие, легкие и очень дорогие. Купит, положит в пакетик и занесет в театр.

Ольга Аросева вспоминала, как однажды Раневская пригласила ее к себе в номер в гостинице «Астория»: «Начала расспрашивать, как у меня идут дела и не надо ли поговорить с режиссером Акимовым. Потом, разглядев, во что я одета и обута, как закричит:

— Господи, в какой ты обуви?! Я сейчас же позвоню Акимову. — Набрала номер и говорит в трубку, в своей манере, медленно растягивая гласные, чуть заикаясь от ужаса и жалости ко мне: — Николай Павлович... пришла Лелечка... она совершенно промокла... Она в такой обуви... Дайте ей ордер на галоши...

Я ее начала толкать, дергать. Она тихо спрашивает:

— Что такое, Леля?

Я шиплю:

— Какой ордер?! Пусть он роль лучше даст!

Она:

— Лелечка говорит, что ей ордер на галоши не надо, что лучше ей роль дать...»

В халате на «Красной стреле»

Вспоминает Ольга Аросева: «От ее доверчивости приходила в восторг и я, а иногда злилась. Вот является пожилая дама. Называет себя гимназической подругой Раневской. Оборванная, в жутком пальто. И Фаина прямо при мне отдает ей свою шубу. Я говорю:

— Фаина Георгиевна, а вы в чем поедете из Ленинграда в Москву?

Она отвечает:

— У меня очень теплый халат.

И ведь уехала в халате на «Красной стреле», в международном вагоне. Расскажи мне все это кто-нибудь, я бы ушам не поверила. По дороге на вокзал я продолжала возмущаться:

— Фаина Георгиевна, откуда вы знаете, что она не аферистка?

Раневская:

— Она же мне показала фотографию, где я...

Я говорю:

— Где вы? А где она? И она ли это?

Она говорит:

— Лелечка, так нельзя о людях думать...».

Дон Кихот в юбке

Чтобы помочь другу Фаина Раневская готова была рисковать всем, проявляя удивительное бесстрашие. И это во времена поголовной совковой за-

Глава первая. Жизнь, как байка

битости и серости, сталинских репрессий и жесточайшей цензуры!

После того как в 1946 году вышло постановление ЦК о журналах «Звезда» и «Ленинград», имена Ахматовой, Зощенко, Пастернака, Шостаковича и других выдающихся мастеров пера были преданы анафеме. После исключения из Союза писателей подругу Фаины Раневской Анну Ахматову лишили даже продовольственных карточек. Она получала крошечную пенсию, на которую прожить было просто невозможно, ее стихотворения не печатали, денег не было. Фактически шло преднамеренное уничтожение великой поэтессы.

Знакомые порою переходили на другую сторону улицы, лишь бы не встречаться с Анной Андреевной. А вот Фаина Георгиевна, одна из немногих, не только не отвернулась от своей подруги, но и протянула ей руку помощи. Только узнав о постыдном постановлении, она немедленно отправилась к Ахматовой в Ленинград и уже ранним утром была в ее квартире. Немолодая актриса через весь город носила Анне Андреевне горячие обеды, просто по-человечески поддерживала ее, помогала, чем могла.

...Позже, узнав о благородном поступке Раневской, гений музыки Святослав Рихтер стал величать Фаину Георгиевну «Дон Кихотом в юбке». И ведь был прав. «Донкихотовскими» стали и ее последние роли на сцене — миссис Сэвидж («Странная миссис Сэвидж»), Люси Купер («Дальше — тишина») и нянька Фелицата («Правда хорошо, а счастье лучше»).

...После просмотра спектакля «Дальше — тишина» какой-то поклонник-студент грохнулся перед Раневской на колени и еле слышно прошептал: «Вы — гениальная актриса!» — «Что ты, деточка, — ответила Фаина Георгиевна. — Я просто неплохая актриса». Увидев, что следом идет ее партнер по сцене Ростислав Плятт, таинственно прошептала: «Похвали старика. Он сегодня неплохо сыграл. Да, дружочек, Слава Рихтер назвал меня Дон Кихотом в юбке. А стало быть, юноше не пристало целовать руку и становиться на колено перед рыцарем. Хотя, черт побери, приятная это процедура!»

Большой ребенок

Анна Андреевна Ахматова говорила Раневской: «Вам 11 лет и никогда не будет 12!» Фаина Георгиевна и впрямь до старости, несмотря на грозный неукротимый нрав и царственную величественность, во многом оставалась ребёнком, изумляя окружающих тем, как легко ударялась в слёзы, изводя их порой невероятными капризами. Она постоянно корила себя за крайнюю рассеянность, «бестолковость и забывчивость», за вечное разбазаривание денег.

Жутко расстроенная Фаина Георгиевна рассказывала Глебу Скороходову, как однажды забыла люстру в троллейбусе, новую, из богемского хрусталя, только что купленную. Заглоделась на кого-то и так отчаянно кокетничала, что вышла через заднюю дверь без люстры: на одной руке сумочка, а другая была занята воздушными поцелуями...

Страшная вещь — воспоминания друзей

Литературовед и биограф Владимира Маяковского Илья Зильберштейн, долгие годы редактировавший журнал «Литературное наследство», попросил как-то Раневскую написать воспоминания об Анне Ахматовой.

— Ведь вы, наверное, ее часто вспоминаете? — спросил он.

— Ахматову я вспоминаю ежесекундно, — ответила Раневская, — но писать о себе воспоминания она мне не поручала.

А потом добавила: «Какая страшная жизнь ждет эту великую женщину после смерти — воспоминания друзей».

Напор красоты

Фаина Георгиевна редко обновляла свой гардероб, занашивая буквально до дыр старые вещи.

Как-то от долгой носки юбка у Раневской стала просвечиваться, а потом на ткани сзади и вовсе образовалась прореха. Но актриса долго не замечала этого дефекта, пока ей на него прямо не указали коллеги. Фаине Георгиевне стало страшно неловко, но ничем себя не выдав, она невозмутимо заметила:

— Напора красоты не может сдержать ничто.

Роль яиц в творчестве

Фаина Георгиевна, легко относившаяся к неустройствам быта, в профессии демонстрировала чудеса педантичности. Она всегда тщательно готовилась к роли. На спектакль неизменно приходила за два часа, долго гримировалась.

Она всегда переписывала роль сама — аккуратно, медленно, скрупулезно — в школьную тетрадочку в клетку.

— Почему, Фаина Георгиевна, вы не ставите и свою подпись под этой пьесой? Вы же ее почти заново переписали, — однажды съязвили коллеги.

— А меня это устраивает. Я играю роль яиц: участвую, но не вхожу, — парировала Раневская.

Приговор халтуре

Фаина Георгиевна не терпела никакой фальши ни в жизни, ни на сцене. Была безжалостна к партнерам, когда они позволяли себе небрежное отношение к роли, откровенно халтурили. Некоторые упрекали актрису в несносном характере, в мелочных придирках, в несдержанности, но виной всему было её органическое неприятие распущенности, лености, равнодушия. Беспощадно требовательная к себе, она хотела такой же безоглядной самоотдачи и от своих партнеров.

Об ее отношении к халтуре и фальши на сцене говорит такой случай.

Увидев в исполнении некой красавицы-актрисы, роли невинной узбекской девушки в спектакле по пьесе Абдулы Кахара в филиале Театра им. Моссовета, Раневская гневно воскликнула:

— Не могу терпеть, когда шлюха корчит из себя невинность!

Все выше, выше и выше!

Борис Львович рассказывал, как однажды режиссер Николай Охлопков репетировал спектакль с Раневской. Вот она на сцене, а он в зале, за режиссерским столиком. Охлопков: «Фанечка, будьте добры, станьте чуть левее, на два шага. Так, а теперь чуть вперед, на шажок». И вдруг требовательно закричал: «Выше, выше пожалуйста!» Раневская поднялась на носки, вытянула шею, как могла. «Нет, нет, — закричал Охлопков, — мало! Еще выше надо!» «Куда выше, — возмутилась Раневская, — я же не птичка, взлететь не могу!»

«Что вы, Фанечка, — удивился Охлопков, — это я вовсе не вам: за вашей спиной монтировщики флажки вешают!»

Геноссе Завадский

С режиссерами и драматургами у Раневской отношения складывались всегда непросто: даже большие мастера часто «не дотягивали» до гения замечательной актрисы. В Театре Моссовета, где Фаина Георгиевна проработала последние годы жизни, у нее шла непрекращающаяся словесная баталия с главным режиссером Юрием Александровичем Завадским. И тут Раневская спускала узды своего неиссякаемого острословия. Она открыто подсмеивалась над знаменитым худруком, видимо, не считая его особо талантливым. Завадского за живое задевало такое отношение, и он немало сделал для того, чтобы его театр стал для Раневской не самым комфортным местом на свете. Режиссер «за глаза» называл ее «Фуфой». Она, в свою очередь, долговязого худрука дразнила «лилипутом, вытянутым в длину».

Вместе с тем парадокс: портрет «презренного» Ю.А. Завадского висел у Фаины Георгиевны на почетном месте дома, а в своих письмах к режиссеру она признавалась в своей искренней любви и уважении к нему.

Чтобы не быть голословными, приведем такую цитату:

«Дорогой Юрий Александрович, Вы — тот художник, с которым я мечтала соединить остаток моей жизни на сцене...

...Примите мои добрые пожелания. Горячо Вас любящая Ф. Раневская».

Это еще раз красноречиво говорит о великой противоречивости характера великой актрисы.

Вместе с тем из-за сложных взаимоотношений с Завадским, Фаина Георгиевна не раз лишилась ролей, для которых, казалось бы, была рождена. Скажем, какая бы великолепная из нее получилась Мамаша Кураж! Сам Бертольд Брехт называл Раневскую «ходячим эффектом отчуждения». Она, пожалуй, лучше всех смогла бы на сцене донести до зрителей его драматургическую идею.

Когда в Москву снова приехал на гастроли из Германии театр Брехта, Елена Вейгель — ведущая артистка, исполнительница главной роли в пьесе «Мамаша Кураж и ее дети», встретившись с Раневской, удивилась тому, что Завадский, обещавший поставить эту пьесу специально для Фаины Георгиевны, как просил об этом Брехт, не выполнил обещания. Раневская промолчала тогда и лишь записала: *«У геноссе Завадского оказалась плохая память»*.

Капризы
«беременной кенгуру»

«С упоением била бы морды всем халтурщикам, а терплю. Терплю невежество, терплю вранье, терплю убогое существование полунищенки, терплю и буду терпеть до конца дней. Терплю даже Завадского», — записала Раневская в своей записной книжке.

Придуманные худруку «Моссовета» Юрию Александровичу Завадскому забавные прозвища и остроумные высказывания Фаины Георгиевны о нем вошли в легенду.

Великая актриса называла Завадского уцененным Мейерхольдом, перпетуум кобеле, бл...дью в кепочке, маразматиком-затейником, кобелино... Творческие поиски режиссера аттестовались Раневской не иначе как «капризы беременной кенгуру».

Она писала: «У Завадского «прорезался талант» к Достоевскому. ... Но почему при всем хорошем, оставляет мусор, дрянь-актеров, детские пистолеты, топор посреди зрительного зала».

Делая скорбную мину, Раневская замечала:

— В семье не без режиссера.

Великая актриса говорила:

— Завадский простудится только на моих похоронах.

— Завадскому дают награды не по заслугам, а по потребностям. У него нет только звания «Мать — героиня».

— Завадский родился не в рубашке, а в енотовой шубе.

— Скажу по секрету: я видела гипсовый бюст Завадского. По-моему, это ошибка. Он давно должен быть в мраморе.

— Пипи в трамвае — все, что он сделал в искусстве.

— Завадский умрёт от расширения фантазии.

— Доктор, в последнее время я очень озабочена своими умственными способностями, — жаловалась Раневская психиатру. — Все, что говорит Завадский, кажется мне разумным...

Истинный мотив

Однажды во время репетиции Юрий Александрович Завадский, раздражённый непониманием актеров, не сдержавшись, выбежал из зала. Он хлопнул дверью и в сердцах прокричал: «Пойду, повешусь!» Все были подавлены. Нагнетенную неожиданным бегством режиссера тяжкую атмосферу в зале вдруг разрядил непередаваемый бас Раневской: «Не б-беспокойтесь, наш гений вернется живым и здоровым. Просто в это время Юрий Александрович обычно ходит в с-сортир».

Замечание режиссера Завадского на репетиции: «Фаина Георгиевна, говорите четче, у вас как будто что-то во рту!», Раневская парировала так: «А вы разве не знаете, что у меня полный рот д-дерьма».

«Шо грыте?»

Юрий Завадский в 1957 году, к очередному юбилею Октября, решил сделать новую постановку революционной пьесы «Шторм» В.Н. Билля-Белоцерковского, в котором задействована была вся труппа театра. Хотя

Глава первая. Жизнь, как байка

Раневская называла пьесу «бредовой», она с удовольствием участвовала в одном из эпизодов, блестяще исполнив роль Маньки-спекулянтки. Раневская, переписав этот персонаж под себя, затмевала всех остальных актеров, включая и исполнителей главных ролей. Однако из-за этого у Фаины Георгиевны часто происходили стычки с Завадским. По замыслу режиссера, в одном из эпизодов артисты выходили на сцену под звуки оркестра с метлами в руках. Раневская не могла представить свою героиню — спекулянтку — с метлой в руке.

— Фаина, что вы делаете, — на репетиции вдруг услышала она крик Завадского. — Вы топчете мой замысел!

— Шо?! — переспросила Раневская в Манькином стиле. — То-то, люди добрые, мне кажется, что я вляпалась в говно.

После сцены со спекулянткой Манькой (с ее неповторимым «Шо грыте?»), зрители, проводив любимую актрису овациями, толпами уходили домой, ибо больше смотреть на спектакле было нечего.

Великолепную «спекулянтку» мстительный Завадский из спектакля все-таки убрал. Перед этим он вызвал Раневскую «на ковер» и сказал: «Вы слишком убедительно играете свою роль торговки, и от этого она запоминается, чуть ли не как главная фигура спектакля...» Фаина Георгиевна смиренно предложила: «Если это нужно для искусства, я могу играть свою роль и похуже».

Изгнание из храма Мельпомены

Однажды на репетиции Юрий Завадский в запале выкрикнул своевольной Раневской из зала: «Фаина, вы своими выходками сожрали весь мой режиссерский замысел!»

— То-то у меня чувство, как будто наелась дерьма, — громко, на весь зал, парировала «великая старуха».

— Вон из театра! — крикнул мэтр.

Раневская, демонстративно подойдя к авансцене, ответила ему:

— Вон из искусства!!

Эти слова вошли в историю театра.

Мессы в борделе

Биограф Фаины Раневской, «эрзац-внук» Алексей Щеглов, вспоминал, что Завадский любил собирать труппу для бесед. Как величественно это звучало: «Я хочу собрать труппу, чтобы познакомить актеров с последними стихами Расула Гамзатова». Темой «беседы» могло стать что угодно: последняя прочитанная книга, этический ликбез или пророческий сон Юрия Александровича.

— Фаина Георгиевна, а почему вы не ходите на беседы Завадского о профессии артиста? Это так интересно...

— Голубушка, я не терплю мессы в борделе.

Песенка
про грудную жабу

Конечно, Фаина Георгиевна была слишком пристрастна к Завадскому — достойному режиссеру и, в общем-то, доброму человеку. О последнем говорит такой эпизод. Когда на гастролях у Раневской однажды случился сердечный приступ, худрук Театра им. Моссовета лично повез ее в больницу. Терпеливо ждал, пока снимут спазм, сделают уколы. На обратном пути обеспокоенно спросил:

— Что сказали врачи, Фаина?
— Что-что — грудная жаба.

Завадский огорчился, воскликнул:

— Какой ужас — грудная жаба!

Правда, через минуту, залюбовавшись каким-то пейзажем за окном машины, стал беспечно напевать: «Грудная жаба, грудная жаба».

«Освенцим Раневской»

Так называли актеры сценки, в которых Фаина Раневская заставляла их участвовать иногда помимо их воли. Вот эпизод, рассказанный одним из актеров театра имени Моссовета. Поскольку чужое самолюбие Фаина Георгиевна не слишком щадила, то актеры и сами однажды решили устроить ей обструкцию. Однажды она явилась, как всегда задолго до начала спектакля, и взволнованно стала делиться тревогами по поводу возможного своего провала. (Она всегда волновалась так, что каждый свой спектакль считала провальным, и каждый раз ее долго нужно было в этом разубеждать.) В ответ на басовитые стенания Фуфы (как звали ее близкие) последовало гробовое молчание. Раневская усилила нажим, стала жаловаться на все, что попадалось ей под руку, на язык. Снова последовало вызывающее молчание труппы. И тогда Раневская вдруг сказала: «Раз здесь еще никого нет, то я пойду, успею еще поссать!» И вышла, оставив всех в глубокой луже своего презренья.

Гертруда и ЗасРаКа

Как-то Завадский, который только что к своему 70-летнему юбилею получил звание Героя Социалистического Труда, страшно опаздывал на репетицию. Актеры, скрепя сердце, терпеливо ждали «маэстро». Но, воспитанная в других традициях, Раневская не прощала такой непунктуальности. Не выдержав, Фаина Георгиевна спросила с раздражением:

— Ну, и где же наша Гертруда?

Раневская вообще была любительницей всяческих сокращений и аббревиаций. Однажды начало генеральной репетиции перенесли сначала на час, потом еще на 15 минут. Ждали не кого-нибудь, а представителя райкома — важную даму средних лет. Заслуженного работника культуры.

Раздосадованная Раневская, все это время не уходившая со сцены, в сильнейшем раздражении спросила в микрофон:

— Кто-нибудь видел нашу ЗасРаКу?!

Двойня от Завадского

Михаил Викторович Ардов вспоминал:

«Как-то поднимаю телефонную трубку.

— Можно попросить Виктора Ефимовича? — говорит далекий голос.

— Здравствуйте, Фаина Георгиевна, — говорю я. — Это Миша. Отца нет дома...

— Вы знаете, — говорит Раневская, — он написал мне письмо о моем спектакле... А я ему ответила... И там я так неудачно выразилась... Я написала, что я люблю рожать. Я имела в виду творить, создавать что-то на сцене... А то ведь могут подумать, что рожать в прямом смысле слова...

— Все кончено, — говорю, — ваше письмо уже находится в Центральном архиве литературы и искусства. И теперь грядущие исследователи станут утверждать, что у вас было трое детей... И из них двое — от Завадского...

— Я кончаю разговор с ненавистью, — послышалось из трубки...»

Прижизненный некролог

Раневская язвила: «Знаете, что снится Завадскому? Что он умер и похоронен в Кремлевской стене. Бедный! Как это ему, наверное, скучно будет лежать в Кремлевской стене — никого своих...»

Надо сказать, Завадского Раневская пережила и так говорила по поводу его кончины:

— Нонна, а что, режиссер Завадский умер?

— Умер.

— То-то я смотрю, он в гробу лежит...

— Ох, вы знаете, у Завадского такое горе! — восклицала Раневская.

— Какое горе?

— Он умер...

«Конечно, это очень печально... — потом вздыхала она. — Но между нами говоря, он уже давным-давно умер».

Дружба «за» и «против»

Для Юрия Завадского его бывшая жена Вера Марецкая всегда оставалась актрисой номер один. «ВэПэ», как он называл Веру Петровну, одна царила в Театре им. Моссовета. Это, конечно же, здорово задевало самолюбие двух других великих прим труппы — Раневской и Любови Орловой.

Надо ли говорить, что Фаину Георгиевну и Веру Петровну связывали непростые отношения. Раневская не упускала случая как-то поддеть свою подругу-соперницу. Скажем, был такой случай. Однажды две великие актрисы шли по улице Горького (ныне Тверской) и на углу увидели просящего подаяние слепого в черных очках.

Великодушная Марецкая положила в протянутую руку калеки целый рубль. А когда актрисы прошли еще немного по улице, все же спросила у Раневской с сомнением:

— Как ты думаешь, Фаина, он и впрямь слепой? Или меня опять надули?

Раневская убежденно ответила:

— Ни капельки не сомневаюсь, что тот, кому ты подала милостыню, не притворяется. Он действительно слеп, как крот.

— Почему ты так уверена, Фаина? Он же ясно сказал тебе:
— Спасибо, красотка!

Однажды чем-то раздосадованная Вера Петровна Марецкая в сердцах вскричала на собрании труппы:
— Я знаю, вы только и ждете моей смерти, чтобы прийти и плюнуть на мою могилу!

На что Раневская своим баском язвительно заметила:
— Терпеть не могу стоять в очереди!

Рассказывают, что Раневская в семьдесят лет вдруг заявила, что наконец-то приняла решение вступить в партию.
— Зачем Вам это на старости-то лет?.. — поразились коллеги.
— Так надо! — твердо ответила Фаина Георгиевна. — Должна же я хоть на старости лет знать, что эта сука Верка говорит обо мне на партбюро!

Как-то у Раневской спросили напрямик:

— Как Вы думаете, почему у Веры Петровны и Сталинские премии, и «Гертруда», а у Вас нет?

— Голубки мои, — тяжко вздохнула Фаина Георгиевна, — чтобы мне получить все, что есть у Марецкой, мне нужно сыграть как минимум Чапаева!

Однажды Вера Петровна представила Раневской какую-то свою хорошую знакомую:

— Рекомендую, Фаина Георгиевна, мы с этой милой дамой давно искренне дружим.

— Ну и против кого дружите? — спросила Раневская.

Люб и Фей

С великой Любовью Орловой Раневскую связывала долгая и крепкая, на всю жизнь, дружба.

Фаина Георгиевна говорила, что не знает человека «человечнее» Любови Петровны, и называла ее как-то немножечко странно: «Люб». А Орлова обращалась к Раневской неизменно «милый мой Фей!».

В фильме «Весна» у мужа Орловой режиссера Григория Александрова они с Раневской снимались вместе. Во время работы в картине Фаина Георгиевна нарисовала шарж на саму себя и подарила его Любови Петровне с такой дарственной надписью:

«Люблю грозу в начале мая, а в декабре люблю «Весну».

Любочке и Гришечке с нежной любовью. Ф. Раневская. Фея. Москва. Зима 1945 г.»

Несмотря на такие трогательно-дружеские отношения, и в адрес любимой Любочки Раневская позволяла себе довольно едкие шуточки. Предметом всеобщей зависти было то, что Орлова могла свободно ездить в

Париж за обновками — практически у нее и у Александрова был так называемый «открытый счет» и такой же паспорт. Фаина Георгиевна любила рассказывать, вернее, разыгрывала миниатюры, на глазах превращаясь в пижонку Любочку.

Вот она рассматривает свои новые кофейно-белые перчатки:

— Совершенно не тот оттенок! Опять придется лететь в Париж!

Вот Раневская беспомощно машет руками, словно крыльями:

— Шкаф Любочки так забит нарядами, что моль, живущая в нем, никак не может научиться летать!

Но вряд ли Любовь Петровну задевали эти безобидные шуточки, пока однажды Фаина Георгиевна не выдала:

— Без сомнения, Орлова превосходная актриса. Одно у нее плохо — голос. Когда она поет, кажется, будто кто-то ссыт в пустое цинковое ведро...

Клизма от Орловой

Журналист Валерий Бондаренко стал свидетелем странного, трогательного и эксцентрического эпизода во время гастролей Театра имени Моссовета в Прибалтике. Актерам навязали незапланированный концерт. Раневская, вечно страдавшая желудком, согласилась участвовать в нем, только если Любочка Орлова... поставит ей клизму. Раневской прислали опытную медсестру. Но актриса ее даже на порог своего номера не пустила:

— Нет, только Любочка!

Девичья честь

Однажды Фаина Георгиевна ехала в лифте с бешено популярным в то время, молодым и красивым артистом Геннадием Бортниковым... А лифт застрял... Ждать пришлось долго — только минут через сорок пленников советского ЖКХ освободили ремонтники.

Выходя из лифта, Раневская заявила Бортникову:

— Ну вот, Геночка, теперь вы обязаны на мне жениться! Иначе вы меня скомпрометируете! Надеюсь, Вы знаете, как я блюду свою девичью честь?!

Надо сказать, что Великой в то время было уже далеко за...

Гена в мраморе

На очередном сборе труппы Завадский нервно заговорил о трудном положении, в котором оказался он, как режиссер, да и весь творческий коллектив Театра им. Моссовета (случилось так, что Вера Марецкая заболела, а Геннадий Бортников сломал ногу).

— ...Верочка больна, Гена в гипсе... — причитал Юрий Александрович.

И тут раздался басистый голос Раневской из зала:

— А почему не в мраморе?

Дочка с бородой

В театре им. Моссовета режиссер Охлопков ставил «Преступление и наказание». Геннадию Бортникову как раз в эту пору выпало счастье съездить в прекрасную Францию и встретиться там с дочерью Достоевского. Как-то, обедая в буфете театра, «везунчик» с восторгом рассказывал коллегам о встрече с ней. Он утверждал, что дочь, как две капли воды, похожа на своего великого отца:

— Вы не поверите, друзья, абсолютное портретное сходство, ну просто одно лицо! Вылитый Достоевский!

Сидевшая тут же Раневская, подняв лицо от супа, как бы, между прочим, спросила:

— И тоже с бородой?

«Надежда нашей сцены»

Актер Малого театра Михаил Михайлович Новохижин некоторое время был ректором Театрального училища имени Щепкина. Однажды звонит ему Раневская: «М-мишенька, милый мой, у меня к вам гр-громадная просьба. К вам в училище поступает один мальчик, бешено талантливый, надежда нашей сцены. Даже фамилия у него театральная — Малахов. Великую просьбу к вам имею: вы уж проследите лично, он настоящий самородок, не проглядите, пожалуйста...»

Рекомендация Фаины Георгиевны Раневской дорогого стоила. И Новожихин, разумеется, отнесся к просьбе великой старухи со всем вниманием и лично присутствовал на экзамене. Но протеже Фаины Георгиевны не только не произвел на него никакого впечатления, но и даже, напротив, оказался абсолютной бездарью. После долгих колебаний Новожихин решился-таки позвонить Раневской, чтобы как-то вежливо, тактично отказать ей в просьбе. Едва он только начал извиняться, как Фаина Георгиевна заорала в трубку: «Что? Что? Говно Малахов? Я так и чувствовала, ей Богу... Гоните эту бездарь в шею, товарищ ректор, и немедленно! Ну что поделаешь, характер такой: меня все просят, никому не могу отказать!»

Иду курю

Фаина Георгиевна страшно много курила и курила только крепкий табак, в основном папиросы «Беломорканал». Вспоминает Ольга Аросева: «С Раневской мы виделись постоянно в Москве, когда я уже была в Театре сатиры, а она — по соседству, в Театре имени Моссовета. Помнится, мы встретились однажды, я иду курю, и она идет курит и говорит:

— Все куришь?

— Да, — отвечаю. — А вы, Фаина Георгиевна, много курите?

Она:

— Ну, как тебе сказать... Когда чищу зубы с этой стороны, я папиросу сюда перекладываю, когда с этой — сюда. Много это или мало?»

Театр кончается вешалкой

Ко многим своим ролям не только в кино, но и в театре Раневская относилась весьма критически.

Как-то узнав, что знакомые идут сегодня в театр, чтобы посмотреть ее на сцене, Фаина Георгиевна всеми способами пыталась их отговорить:

— Не стоит туда ходить: и пьеса скучная, и постановка слабая...

Но знакомые уперлись. Хотим, говорят, посмотреть и все тут!

— Ладно, раз уж все равно идете, я вам советую уходить после второго акта, — сказала Раневская.

— Почему после второго?
— После первого очень уж большая давка в гардеробе.

Когда изволите

Фаину Георгиевну спросили:
— Правду ли говорят, что этот спектакль совсем не имеет успеха у зрителей?
— Ну, это еще мягко сказано, — заметила Фаина Георгиевна. — Я вчера позвонила в кассу: хотела уточнить, когда начало представления.
— И что?
— Мне ответили: «А когда вам будет удобно?»

Так и хочется удушить

— Каково ваше впечатление от этого спектакля? — спросили Раневскую.

— Вообще-то пьеса весьма недурна. Однако актеры играли так плохо, особенно Дездемона, что когда Отелло душил ее, то публика очень долго аплодировала.

В партере

— Извините, Фаина Георгиевна, но вы сели на мой веер! — с негодованием воскликнула какая-то дамочка, которой досталось место рядом с Великой старухой на премьере в театре.

— Что? То-то мне показалось, что снизу дует, — не менее возмущенно отреагировала на сделанное ей замечание Раневская.

Леденцы взамен обеда

Режиссеры боялись давать Раневской крупные роли. «Неужели театр не за-

Глава первая. Жизнь, как байка

интересован, чтобы я играла? Публика ждет. Получаю бесконечное количество писем. Зрители хотят меня видеть на сцене. Найдите пьесу. Неужели вам нечего мне предложить?» — вспоминал слова Фаины Георгиевны актер Сергей Юрский.

Раневская с горечью повторяла: «Мне осталось жить всего сорок пять минут. Когда же мне все-таки дадут интересную роль?»

Словно издеваясь над светлой мечтой Раневской, однажды ей послали знаменитую пьесу Жана Ануя «Ужин в Санлисе», где Великой предлагалась всего-навсего маленькая роль старой актрисы. Роль может быть и неплохая, но совершенно не соответствующая масштабам и возможностям Фаины Георгиевны.

Когда Марина Неелова поинтересовалась, почему актриса отказалась от предложения, Раневская грустно молвила: «Представьте себе, что изголодавшемуся человеку вместо еды предложили горстку монпансье. Вы бы согласились?».

Какие наши годы!

Последний спектакль, в котором сыграла Фаина Георгиевна, — «Дальше — тишина» (премьера — 1968 г. — *Ред.*), где ее партнером по сцене был Р.Я. Плятт. Они блестяще изображали пожилую супружескую пару, вынужденную расстаться, прожив вместе 50 лет.

Этим спектаклем зал всегда был по-особенному взволнован, растроган, потрясен. Полные аншлаги, слезы зрителей, овации стоя... Но случались и казусы. Как-то после окончания спектакля к Раневской подскочил какой-то ярый поклонник ее таланта и, наговорив комплиментов, спросил:

— Простите за нескромный вопрос, сколько вам лет?

— В субботу будет 115, — решила напугать его Раневская.

Поклонник просто обмер от восторга:

— В такие годы и так играть!..

Бедная Лиза

У Раневской часто сменялись домработницы. Они были ее бесконечной головной болью. Пользуясь безмерной добротой, доверчивостью и наивностью Фаины Георгиевны, домработницы беззастенчиво обманывали «старую старуху», подло обирали ее.

Хохлушка Лиза была, пожалуй, самой яркой из этой породы. Девица была одержима стремлением найти себе жениха, несмотря на свою неказистую внешность.

Однажды в гости к Раневской пришла ее подруга Любовь Орлова

в шикарной норковой шубе. Домработница актрисы упросила Фаину Георгиевну, пока Орлова у нее в гостях, разрешить надеть эту шубу, чтобы произвести впечатление на очередного поклонника. Раневская разрешила, в чем потом горько раскаялась, поскольку Лизавета прогуляла аж три часа. Любовь Петровна вряд ли не поняла, почему Фаина Георгиевна столь настойчиво уговаривала ее посидеть еще и еще. «Сказать, что Орлова — добрый человек, — заметила позже Раневская, — это все равно, что признать, будто Лев Толстой — писатель не без способностей».

Когда Лизино замужество каким-то чудом наконец состоялось, Фаина Георгиевна подарила теперь уже бывшей домработнице свою только что купленную роскошную двуспальную кровать — для продолжения рода. А сама так до конца жизни и спала на старой узенькой тахте.

Глава первая. Жизнь, как байка

Последний котелок Москвы

Фаина Георгиевна подружилась с Александром Александровичем Румневым (Зякиным) еще в 1946 году, когда тот ставил танцы в сцене бала в кинофильме «Золушка». Этого блестящего балетмейстера, искусного графика и редкого в советские времена изысканного кавалера, Фаина Георгиевна называла «Последним котелком Москвы».

Румнев, как давний друг Фаины Георгиевны, запросто заходил в ее полутемное жилище. Они подолгу беседовали, он садился рядом и рисовал великую актрису в своей тонкой, карандашной манере. Фаина Георгиевна как обычно много курила, и он изображал ее погруженной в клубы дыма на темном фоне. Часто Румнев засиживался допоздна.

По меркам домработницы Лизы обстановка царила донельзя интимная. По этому поводу однажды она выразила хозяйке свое искренне возмущение:

— Фаина Георгиевна, что же это такое? Каков подлец, ходить-ходить в гости, ужин лопает, на кровать садится, а предложения не делает?!

Бесстыжая моль

С другими домработницами Раневской везло гораздо меньше, чем с Лизой. Как рассказывал Глеб Скороходов, Фаина Георгиевна по беспечности часто оставляла приоткрытой дверь своей квартиры на лестницу. Нанятая недавно домработница, быстро оценила сулящие ей перспективы и стырила шубу и вазочку из хрусталя, решив все свалить на проникших через незапертую дверь непрошеных гостей. Кража была настолько очевидной, наглой, что друзья настояли, чтобы Раневская все-таки известила о пропаже «товарищей милиционеров». Доблестные слуги порядка накрыли воровку с поличным у нее дома, где нашли еще кучу украденных у Фаины Георгиевны вещей. Опись охватывала примерно полгардероба актрисы — ушлая домработница никак не рассчитывала, что «интеллигентша заявит».

Фаина Георгиевна воровку простила, но невзлюбила вернувшуюся блудную шубу. И решила ее непременно продать. Дала объявление в газету. И на следующий же день к ней домой явилась потенциальная покупательница. Но случился вот такой казус. Когда Раневская открыла перед покупательницей шкаф в передней, оттуда вылетела огромная моль. Не теряясь, Фаина Георгиевна своим внушительным басом, с упреком, вопросила:

— Ну что, сволочь, нажралась?»

К сожалению, в тот день сделка купли-продажи не удалась.

Каторга, а не работа

Как-то Раневская встретила на улице девушку, которая когда-то служила у нее домработницей.

— Как я жалею, что ушла от вас, Фаина Георгиевна, — тяжело вздохнула она.

— Что, деточка, недовольна новым местом?

— Не то слово.

— Что много требуют?

— Во сто раз больше, чем у вас.

— Но хоть платят-то прилично?

— Что вы, гроши!

— Невероятно! Зато оплачиваемый отпуск, да?

— Никакого отпуска.

— Так какого ж хера, ты там работаешь? — не выдержала Раневская.

— А я не работаю. Я вышла замуж.

Глава первая. Жизнь, как байка

Благоговение перед жизнью

Великого гуманиста, автора учения о Благоговении перед жизнью, доктора Альберта Швейцера Фаина Георгиевна называла своим «любимым мужчиной».

Она также, как и Швейцер «благоговела перед жизнью». Соседка рассказывала, что, войдя однажды к Раневской, обнаружила ее неподвижно сидящей в кресле — на открытой ладони актрисы лежала не подающая признаков жизни муха. Как выяснилось, муха залетела в молоко, и Фаина Георгиевна ждала, когда муха обсохнет и улетит.

Она жалела все живое — собак, насекомых, и даже людей, которые этого явно не заслуживали...

А. Щеглов вспоминал, что все, кто бывал у Раневской дома, отмечали, как трогательно относилась старая артистка к своему подобранному на улице псу по кличке Мальчик. Несчастный пес — с поломанной лапой, в лишаях — был обречен. В ветлечебнице Раневской сказали: «Его надо немедленно усыпить, он просто опасен». Она умоляла, говорила, что не уйдет без него. Спасли его врачи только ради актрисы.

Собачья нянька

Чтобы ее любимый Мальчик оставался всегда сытым, ухоженным и не страдал от одиночества, Фаина Георгиевна наняла для него специальную собачью няньку, которой платила немалые деньги. Актриса шутила: «Моя собака живет лучше меня! Я наняла для нее домработницу. Так вот и получается, что она живет, как Сара Бернар, а я — как сенбернар...»

Раневская как магнит притягивала к себе людей ярких, неординарных, как

Глава первая. Жизнь, как байка

и она сама. Собачья нянька была еще тот «фрукт». Вот как описывает Фаина Георгиевна эту необыкновенную женщину в своем дневнике:

«Собачья нянька, от нее пахнет водкой и мышами, собака моя — подкидыш — ее не любит, не разрешает ей ко мне подходить.

Нянька общалась с водой только в крестной купели. Но колоритна. Сегодня сообщила: «У трамвае ехал мужчина и делал вид, что кончил «иституй». На коленях держал «портвей», а с портвея сыпалось пшено. А другой мужчина ему сказал: «Эй ты, ученый, у тебя с портвея дела сыплются».

Животных она любит, людей ненавидит. Называет их «раскоряченные бл...ди». Меня считает такой же и яростно меня обсчитывает. С ее появлением я всегда без денег и в долгах.

Сегодня выдавала фольклор. Мой гость спросил ее:

— Как живете?
— Лежу, ногами дрыгаю.
Милиционер говорит:
— Здесь нельзя с собакой гулять.
— Нельзя штаны через голову надевать!

Пошла в лес с корзиной, а там хлеб, и милиционер спрашивает:
— Что это у тебя в корзинке, бабушка? А я говорю:
— Голова овечья, да п...да человечья.
А он хотел меня в милицию загнать. А я сказала:
— Некогда мне, на электричку опаздываю.

Сегодня нянька сообщила, что все дети стали «космические», что детей опасно держать в доме, где живут родители.

Если бы она время от времени общалась с водой, я бы с интересом ее слушала. В ней есть что-то от лесковских старух».

Глава первая. Жизнь, как байка

VIP, или Очень Важная Персона

Находясь уже в преклонном возрасте, Раневская тем не менее умела заставить слушаться себя даже начальников. Однажды перед Московской Олимпиадой Фаина Георгиевна набрала номер директора Театра им. Моссовета и не терпящим возражения официальным тоном потребовала срочно предоставить ей автомобиль. Директор попробовал отказать, сославшись на то, что все машины заняты, но Раневская сурово его перебила:

— Вы что же, не понимаете? Я должна объехать Москву и показать мальчику олимпийские объекты. Он хочет убедиться, что все в порядке...

Испугавшись возможных неприятностей, директор немедленно отправил казенную «Волгу» Раневской. Он решил, что какая-то важная «шишка» — покровитель великой актрисы — желает проинспектировать готовность олимпийских объектов. А оказалось, речь шла всего лишь о том самом Мальчике — любимой собаке Фаины Георгиевны.

Приступ
вегетарианства

Иногда Фаина Георгиевна садилась на вегетарианскую диету: «Я не могу есть мясо. Оно ходило, любило, смотрело...» Однако отказ от привычных мясных блюд давался ей с большим трудом. В эти мучительные дни борьбы с самой собой Раневская становилась особенно печальной и чувствительной. Как-то в очередной раз сидевшая на вегетарианской диете актриса поинтересовалась у своей домработницы:

— Лизочка, мне кажется, что в этом борще чего-то не хватает... А тебе?

Насмешливая хохлушка ответила:
— Верно подметили, Фаина Георгиевна, в нем не хватает мяса!

Смысл куриной жизни

Директор Театра им. Моссовета Лев Федорович Лосев вспоминал: «Юмор у Фаины был, я бы сказал, суровый. Она знала тайну смешного. Она шутила серьезно». Однажды Раневская пожаловалась ему:

— Сегодня моя дура домработница купила курицу и сварила ее прямо с потрохами! Пришлось выбросить добро на помойку. Из-за этого у меня настроение испортилось на целый день.

— Фаина Георгиевна, наплюйте Вы на эту курицу! Стоит ли расстраиваться из-за такой мелочи? — попытался утешить ее Лосев.

— Да и Мариночка Неелова все меня успокаивала, просила из-за такой чепухи не расстраиваться. Подумаешь, мол, «трешка» пропала. А я Мариночке объясняю, что дело не в деньгах. Мне саму курицу жалко. Ведь для чего-то она на этот белый свет родилась! — чуть ли не со слезами на глазах причитала Раневская.

Цыпленок жареный

Даже к судьбе предлагаемых ей на обед кур Раневская была небезразлична. Как-то в ресторане ей подали цыпленка-табака. Да такого маленького и невзрачного, что Фаина Георгиевна решительно отодвинула от себя тарелку:

— Не буду есть. У него такой вид, как будто его сейчас будут любить.

Поделилась

Раневская не упускала случая ошеломить собеседника совершенно неожиданной реакцией на какие-то обыденные вещи.

— Посмотрите, Фаина Георгиевна! В вашем пиве плавает муха! — во весь голос закричала ей соседка по столу.

— Всего одна, милочка. Ну сколько она может выпить?! — рассудительно ответила Раневская.

Любимые пруссачки

Актер М.М. Новохижин часто записывался с Раневской на радио. Обычно они репетировали, читая классические произведения у Фаины Георгиевны дома на кухне — за чаем с пирогами и... с тараканами. В квартире актрисы развелись жуткие полчища этих ненасытных членистоногих, ведь она их не убивала, а наоборот, прикармливала. Великая старуха нежно называла тараканов «мои пруссачки». Эти насекомые в доме актрисы нагло ползали везде, совершенно не стесняясь ни хозяйки, ни гостей... Михаил Михайлович долго терпел это безобразие, но когда один самый нахальный таракан собрался залезть прямо в его тарелку с пирогом, актер не выдержал и ладошкой метко припечатал его к столу. И тут Фаина Георгиевна неожиданно вспылила. Она встала над столом в полный рост и гневно пророкотала: «М-михал М-михалыч, я боюсь, что на этом кончится наша дружба!»

Устроила аттракцион

Известный режиссер Надежда Кошеверова, снявшая множество фильмов для детей, мечтала пригласить Раневскую на роль директора цирка в свою новую картину «Сегодня новый аттракцион» (1966 г.). К большому огорчению режиссера, Фаина Георгиевна долгое время наотрез отказывалась сниматься. Чтобы получить согласие знаменитой актрисы,

Глава первая. Жизнь, как байка

Кошеверова безуспешно посылала к ней парламентеров и, в конце концов, решила поехать сама. В доме отдыха «Комарово», где отдыхала Раневская, начались трудные долгие переговоры. Как всегда вволю покапризничав, Великая, наконец, согласилась на съемки. Правда, одним из обязательных условий, выставленных Фаиной Георгиевной, было полное отсутствие контакта с цирковым зверьем, якобы из-за того, что у нее вдруг обнаружилась страшная аллергия на шерсть животных.

По сюжету же картины героиня Раневской испытывала к зверям безмерную привязанность и любовь. Когда угрюмая, бескомпромиссно настроенная Фаина Георгиевна все-таки приехала на один день на съемки фильма на «Ленфильм», вся киностудия была в тревоге. Зная характер Великой, от нее, не без основания, ожидали подвоха. Кое-как актрису уговорили единственный раз пройти мимо клеток с животными. Но, видимо, и хищникам передалось всеобщее нервозное состояние. В первые же минуты появления грозного «Льва Маргаритыча» один из львов в клетке... сильно обделался. Экзальтированная прима пулей выскочила из павильона, упала на спину и задрыгала ногами... Со свойственной ей гиперболизацией Раневская кричала, что все это безобразие подстроено, дабы уничтожить «любимую народом актрису»! В ход пошли валидол и целые упаковки успокоительного...

В действительности, дело было вовсе не в пресловутой аллергии. Поначалу Раневская, уверенная, что не будет сниматься в фильме «Сегодня новый аттракцион», писала своему другу актеру Эрасту Гарину: «Роль хорошая, но сниматься не стану. Я очень люблю зверей, но, когда бываю в цирке, страдаю при виде дрессированных животных. Страдаю почти физически. Этого я Наде (Кошеверовой. — *Ред.*) не скажу: сошлюсь на то, что мне трудно часто ездить — роль большая. Сил уже мало».

Дежурный вопрос

Как-то Раневская столкнулась в Доме актера с одним поэтом, по совместительству, важным чиновником, занимавшем высокий пост в Союзе писателей.

— Здравствуйте, Фаина Георгиевна! Как ваши дела? — задал он самый дежурный вопрос.

— Очень хорошо, что вы спросили. Приятно, черт возьми, что хоть кому-то интересно, как я живу! Давайте отойдем в сторонку, и я вам с удовольствием обстоятельно расскажу о моих житейских делах, — любезно ответила актриса.

— Нет-нет, извините, но я очень спешу. Мне, знаете ли, надо еще на одно заседание... — сдал назад поэт.

— Но вам же так интересно, как я живу! Что же вы сразу убегаете, вы только послушайте. Тем более что я задержу вас ненадолго: минут на сорок-пятьдесят, не больше, — умоляюще заголосила Раневская.

Руководящий поэт поспешил окончательно ретироваться.

— Зачем же тогда спрашивать, как я живу?! — закричала ему вслед с деланным возмущением Раневская.

Пора отрабатывать?

Журналист Глеб Скороходов поведал такой случай. Однажды Фаину Георгиевну с актерской четой Чирковых пригласили домой к какому-то высокопоставленному чиновнику. Это было в середине 1950-х годов, когда на прилавках магазинов было шаром покати, а тут начальнический стол ломился от вкуснейших диковинных яств. Словом, коммунизм победил в отдельно взятой советской квартире. Гости закусили паюсной севрюжьей черной икрой и нежнейшей осетриной, отведали навеки забытую общепитом уху по-царски и только перешли к еще более изысканным вторым блюдам, как хозяйка внезапно прервала пиршество:

— А не пора ли нашим дорогим артистам продемонстрировать свое искусство? Фаина Георгиевна, может быть, вы нам что-нибудь прочтете? Прошу-прошу! — И она захлопала в ладоши, призывно улыбаясь.

И тут Раневская сорвалась:

— Что, настало время харч отрабатывать?

За Мадонну ответишь!

В 1954 году советское правительство сделало большой подарок немецкому народу, возвратив ему его же собственные шедевры Дрезденской галереи, вывезенные в конце войны из Германии как дорогой трофей. Но правительство решило сделать и еще один красивый жест — спустя почти десять лет после Великой победы показать эти музейные сокровища своему собственному народу.

В Москве люди сутками стояли в очереди на выставку «Шедевры Дрезденской галереи» в Музее изобразительных искусств имени Пушкина, чтобы полюбоваться картинами великих мастеров. В залах было не пробиться. Особенно много народа стояло у «Сикстинской мадонны» Рафаэля. Люди подходили, смотрели, оживленно обсуждая великое полотно... Из серой совковой толпы в интернетовских пальто выделялись две шикарно одетые красавицы. Можно было догадаться, что это жены каких-то партийных бонз. Одна из них, выдавая свое пролетарское происхождение, вдруг возмущенно обратилась к другой:

— Не понимаю, что все так сходят с ума? И чего находят в энтой мадонне... Ну что в ней особенного?! Босиком, растрепанная...

Случайно оказавшаяся рядом Фаина Георгиевна тут же отреагировала:

— Фифочка! Эта великолепная дама столько веков восхищала человечество, что теперь она сама имеет право выбирать, на кого производить впечатление, а на кого нет.

Холодильник с бородой

Когда в Москве на площади Якова Свердлова (ныне — Театральной. — *Ред.*) напротив Большого театра установили памятник великому вождю пролетариата Карлу Марксу работы скульптора Льва Кербеля, Раневская прокомментировала это так:

— А потом они удивляются, откуда берется антисемитизм. Ведь это тройная наглость! В великорусской столице один еврей на площади имени другого еврея ставит памятник третьему еврею!

О художественных же достоинствах памятника Карлу Марксу на Театральной в столице Фаина Георгиевна отзывалась весьма жестко: «Позорище! Это какой-то холодильник с бородой!»

Если приглядеться, действительно, похоже.

На обед, как на аборт

В Доме творчества кинематографистов в Репине, что под Ленинградом, Фаина Георгиевна чувствовала себя неуютно. Все ей было не так. Обедала она обычно в соседнем Доме композиторов, с друзьями, а столовую Дома кинематографистов обходила стороной, презрительно называя ту «буфэтом», через «э». Все здешние блюда казались ей пресными и несъедобными.

Она говорила: «Я ходила в этот буфэт, как в молодости ходила на аборт».

В аду веселей

— А вы куда хотели бы попасть, Фаина Георгиевна, — в рай или ад? — как-то в шутку спросили у Раневской.

— Конечно, рай предпочтительнее из-за климата, но веселее мне было бы в аду — из-за компании, — рассудила Фаина Георгиевна.

Так им и надо

Как-то приятельница сообщила Раневской:

— Я вчера была в гостях у N. И пела для них два часа...

Фаина Георгиевна прервала ее возгласом:

— Так им и надо! Я их тоже терпеть не могу!

Убийственный комплимент

Фаина Георгиевна признавалась: «В шестьдесят лет мне уже не казалось, что жизнь кончена, и когда седой как лунь театровед сказал: «Дай Бог каждой женщине вашего возраста выглядеть так, как вы», — спросила игриво:

— А сколько вы мне можете дать?
— Ну, не знаю, лет семьдесят, не больше.

От удивления я застыла с выпученными глазами и с тех пор никогда не кокетничаю возрастом».

Крах иллюзий

Фаина Раневская вспоминала: «Еду в Ленинград. На свидание. Накануне сходила в парикмахерскую. Посмотрелась в зеркало — все в порядке. Волнуюсь, как пройдет встреча.

Настроение хорошее. И купе отличное, СВ, я одна.

В дверь постучали.

— Да, да!

Проводница:

— Чай будете?

— Пожалуй... Принесите стаканчик, — улыбнулась я.

Проводница прикрыла дверь, и я слышу ее крик на весь коридор:

— Нюся, дай чай старухе!

Все. И куда я, дура, собралась, на что надеялась?! Нельзя ли повернуть поезд обратно?..»

Престарелая Офелия

Звезду Театра им. Маяковского Марию Ивановну Бабанову называли «зримым чудом сцены», олицетворением высочайшего актёрского мастерства. Как-то кинорежиссер и писатель Василий Катанян стал восторженно рассказывать Раневской о том, как посмотрел «Гамлета» у Охлопкова, где роль Офелии исполнила сама Бабанова. Надо сказать, что к тому моменту выдающейся актрисе стукнуло уже 54 года.

— Ну и как вам Бабанова в роли Офелии? — спросила у Катаняна Фаина Георгиевна.

— Очень интересна. Как всегда красива, пластична, голосок прежний... — стал воспевать дифирамбы актрисе Василий Васильевич.

— Ну, вы, видно, добрый человек. А мне говорили, что это болонка в климаксе, — съязвила Раневская.

Аристократ

Близкая подруга Раневской Тамара Калустян как-то рассказала актрисе об одном своем приятеле настоящих «голубых кровей». Фаина Раневская записала в дневнике: «Ее знакомый князь Оболенский отсидел в наказание за титул, потом работал бухгалтером на заводе.

Выйдя на пенсию, стал сочинять патриотические советские песни, которые исполняет с хором старых большевиков, — поет соло баритоном, хор вторит под сурдинку. Успех бурный. Князь держится спокойно, застенчив, общий любимец хора.

Аристократ!!!»

ЛУЧШЕЕ СРЕДСТВО ОТ БЕССОННИЦЫ

Однажды Раневская «по секрету» поделилась с Риной Зеленой своим собственным гениальным изобретением — новым эффективным средством от бессонницы. Фаина Георгиевна на ушко прошептала подруге:

— Дорогая Риночка, понимаешь, надо считать до трех. Максимум — до полчетвертого.

Грешная память

Как-то Раневская возвращалась домой на поезде после отдыха в крымском пансионате. Ее соседями по купе стали три ее молоденьких коллеги-артистки из Театра им. Моссовета.

Дамочки от скуки долгой дорогой стали обмениваться воспоминаниями о бурно проведенном отдыхе на курорте.

Одна говорит:

— Вернусь домой и во всем признаюсь мужу.

Вторая восхищается:

— Ну, ты и смелая!

Третья осуждает:

— Ну, ты и глупая!

Раневская отмечает:

— Ну, у тебя и память!

Точки над «i»

На светском советском ужине зашел как-то разговор о двух «звездных», как бы сказали сегодня, персонажах, — известном режиссере и актрисе, которые находились в тайной любовной связи. Ясно, что подобные отношения в советские времена на корню пресекалось парткомом и профкомом.

— То есть, Вы хотите сказать, Фаина Георгиевна, что Х. и Р. живут как муж и жена? — попыталась выяснить все интимные подробности преступного союза любопытная собеседница.

— Нет, они живут гораздо лучше, — расставила все точки над «i» Раневская.

Второе дыхание

В переполненном автобусе, развозившем артистов после спектакля, вдруг раздался неприличный звук. Раневская, наклонившись к самому уху соседа, шепотом, но так, чтобы все слышали, выдала:

— Чувствуете, голубчик? У кого-то открылось второе дыхание!

Напросилась

Раневская как-то обедала у одной дамы, столь экономной (скажем прямо — жадной), что Фаина Георгиевна встала из-за стола как пришла, совершенно голодной.

На прощание «гостеприимная» хозяйка любезно сказала актрисе:

— Прошу вас еще как-нибудь прийти ко мне отобедать.

— С удовольствием, — ответила Раневская, — хоть сию же минуту!

Верх неприличия

В больнице имени Боткина работал прекрасный хирург Захро Авраамович Топчиашвили. Он был такого высокого роста, что вынужден был оперировать сидя.

Однажды ночью Фаина Георгиевна позвонила своему знакомому Володе и пожаловалась на сильные боли

Глава первая. Жизнь, как байка

в животе. Тот немедленно связался со своим другом Захро Авраамовичем и попросил его приехать к Раневской. Услышав, о ком идёт речь, хирург без промедления согласился.

Через пару часов Раневская позвонила Володе:

— Спасибо, дорогой! Вы прислали ко мне волшебника. Он осмотрел меня, мял мне живот — и внезапно боли исчезли — я словно заново воскресла!.. Однако потом он повёл себя неприличным образом!

Володя изумился — Захро, джентльмен до мозга костей, деликатнейший человек — и вдруг позволил себе неприличное обращение с немолодой женщиной?!

— Фаина Георгиевна, что же Захро Авраамович такого неприличного сделал? — с ужасом спросил Володя.

— Представляете, я вручила ему конверт с гонораром, а он никак не хотел его брать — и уходя оставил его на шкафу в передней.

— Так в чём же проблема? — в недоумении воскликнул Володя.

— Я не могу достать конверт оттуда, — чуть не плача, молвила Раневская.

Интим с Онегиным

— Говорить, как Раневская, было невозможно, за ней можно было только записывать, — рассказывал выдающийся актер Алексей Баталов, хорошо знавший Фаину Георгиевну. — Возможно, один из секретов актрисы в том, что многие свои афоризмы она произносила серьезно и не комиковала.

Так обзванивая и поздравляя знакомых с Новым годом, Раневская строго и вместе с тем интригующе предупреждала:

— И не вздумайте сегодня приходить ко мне. У меня интимный вечер с потрясающим мужчиной.

— Кто же этот счастливчик? Скажите, если не секрет, — предвкушая сенсацию, спрашивали на том конце трубки.

— Евгений Онегин. Буду его перечитывать!

Великий и могучий

«Я не умею выражать сильных чувств, хотя могу сильно выражаться», — говорила Фаина Георгиевна. Однако сочные народные выражения, то и дело слетавшие с ее уст, воспринимались вовсе не как нецензурная брань, а как абсолютно органичная ей языковая манера, скорее милая и забавная, чем оскорбительная.

Однажды, когда актриса как обычно выразилась с присущей ей прямотой, какой-то ханжа не преминул сделать ей замечание:

— В литературном русском языке нет слова «жопа»!

Фаина Георгиевна мгновенно отреагировала:

— Как странно! Слова нет, а жопа есть...

Перепутал

Рина Зеленая рассказывала Василию Катаняну:

— В санатории в Комарово к Раневской за стол подсадили какого-то зануду, который все время хаял еду. У него и суп был холодный, и котлеты не соленые, и компот кислый. (Может, и вправду.) За завтраком он брезгливо говорил: «Ну что это за яйца? Смех один. Вот в детстве у моей мамочки, я помню, были яйца!»

— А вы не путаете ее с папочкой? — деликатно осведомилась Раневская.

Походящая кандидатура

Однажды «эрзац-внук» Алексей Щеглов привел к Раневской на смотрины свою невесту. Он постарался представить девушку в наиболее выгодном свете:

— Фаина Георгиевна, это моя любимая девушка Катя. Она умеет вкусно готовить, прекрасно печет пироги, аккуратна, квартиру приберет, так что не будет ни пылинки, ни соринки...

— Прекрасно, мой мальчик! Она меня вполне устраивает. Кладу ей тридцать рублей в месяц плюс столование, и пусть приходит по вторникам и пятницам, — одобрила кандидатуру Раневская.

Закон Архимеда

Раневская, как и большинство женщин, абсолютно не разбиралась в физике, но однажды ее вдруг жутко заинтересовало, почему современные корабли, сделанные из железа, не тонут.

— Как же это так? — допытывалась она у жены своего «эрзац-внука» Татьяны Щегловой, инженера по профессии. — Железо ведь гораздо тяжелее воды, отчего же тогда тысячетонные стальные корабли не тонут?

— Тут все очень просто, — ответила та. — Вы ведь наверняка изучали физику в школе?

— Что вы, деточка, в Мариинской женской гимназии у меня была железная двойка, — отрешенно посетовала Фаина Георгиевна. — Хоть убейте, не помню ни одного закона физики...

— Ну, хорошо, я вам напомню: был такой древнегреческий ученый Архимед. Он открыл закон, названный его именем: на тело, погруженное в воду, действует выталкивающая сила, равная весу вытесненной воды... Ну как, вспомнили? Этот Архимед еще от радости воскликнул: «Эврика!»

— Наверное, я дура полная. Ничего н-не понимаю, — развела руками Фаина Георгиевна.

— Ну вот, к примеру, вы садитесь в наполненную до краев ванну, что происходит? Вода вытесняется и льется на пол... Отчего она переливается через край?

— Оттого, что у меня большая жопа! — наконец-то постигла Раневская закон Архимеда.

Нежеланный поклонник

Председатель Комитета по телевидению и радиовещанию СССР С.Г. Лапин печально известен своими дурацкими запретами и мракобесьем.

Как ни странно, известный своей нетерпимостью к инакомыслию и откровенным антисемитизмом, Лапин был восторженным почитателем Фаины Георгиевны Раневской. Актриса, не любившая идеологических начальников, довольно холодно выслушивала его лестные отзывы о своем творчестве.

Однажды Лапин зашел в гримуборную Раневской после спектакля

и принялся восхищаться ее игрой. Целуя на прощание ей руку, он спросил:

— В чем я могу вас еще увидеть, Фаина Георгиевна?

— В гробу, — ответила Раневская.

А как-то начальник вся ТВ СССР спросил у актрисы:

— Когда же вы, Фаина Георгиевна, наконец, заснимитесь для телевидения?

— Я бы с радостью. Да боюсь после (такого предложения. — *Ред.*) должны последовать арест и расстрел, — с вызовом ответила Раневская.

Приговор телевизору

Однажды Фаине Георгиевне позвонил известный кинорежиссер, сценарист и телеведущий Алексей Каплер и предложил выступить у него в суперпопулярной «Кинопанораме».

Раневская, невзлюбившая «голубой экран» с первого взгляда, попыталась отшутиться: «Представляете — мать укладывает ребенка спать, а тут я своей мордой из телевизора: «Добрый вечер!» Ребенок на всю жизнь заикой сделается... Или жена с мужем выясняют отношения, и только он решит простить ее — тут я влезаю в их квартиру. «Боже, до чего отвратительны женщины!» — понимает он, и примирение разваливается»...

Раневская сетовала Глебу Скороходову: «Только мне и лезть на телевидение! Я скорее соглашусь станцевать Жизель, чем выступить на голубом глазу. Нет уж, с меня хватит и радио. Утром, когда работает моя «точка», я хоть могу мазать хлеб маслом и пить чай, не уставясь, как умалишенная, в экран. Да у меня его и нет».

Василий Ливанов, с которым Раневская озвучивала знаменитый мультфильм «Малыш и Карлсон», рассказывал об одном интересном эпизоде. Фаина Георгиевна, испытывая неприязнь к «деятелям телевизионных искусств», в пику им сама придумала некоторые фразы, которых не было в сценарии. Помните, Карлсон беседует с фрекен Бок, и та говорит ему: «Сейчас приедут с телевиденья, а Вы, к сожалению, не привидение?» А Карлсон отвечает: «Но я же умный, красивый, в меру упитанный мужчина в самом расцвете лет!» — «Но на телевидении этого добра навалом!» И тут следует придуманная Раневской фраза с закамуфлированной шпилькой против телевизионщиков: «Ну я же еще и талантливый!» Или еще один укол Раневской в адрес мастеров телеискусств: «По телевизору показывают жуликов... Ну чем я хуже?!»

Впрочем, радио она тоже не жаловала. Как-то, когда шел очередной радиорепортаж о передовиках социалистического соревнования, примерно с таким текстом: «Таня-бригадирша, в ее светло-серых, карих глазах поблескивают искры трудового энтузиазма»... Фаина Георгиевна в сердцах воскликнула:

— Боже мой, зачем я дожила до того, чтобы такое слушать!

Раневская восклицала: «С этими «добрыми утрами» надо бороться, как с клопами, тут нужен дуст. Умиляющуюся девицу и авторов надо бить по черепу тяжелым утюгом, но это недозволительный прием, к великому моему огорчению. Все эти радиобарышни, которые смеются счастливым детским смехом, порождают миллионы идиотов, а это уже народное бедствие. В общем, всех создателей «Веселых спутников» — под суд! «С добрым утром» — туда же, «В субботу вечером» — коленом под зад! «Хорошее настроение» — на лесозаготовки, где они бы встретились бы с руководством Театра им. Моссовета и его главарем — маразмистом-затейником Завадским».

Не дурак, а Дуров

Замечательный актер Лев Константинович Дуров вспоминал:

«Фаине Георгиевне попасться на язык, не приведи Господь, было! Она в выражениях не стеснялась. Такой махине от искусства простительно все. И актриса великая, и человек грандиозный. Я тоже однажды нарвался. Эфрос пригласил посмотреть прогон пьесы «Дальше — тишина». Сижу в зале, и вдруг из-за кулис кричит своим басом Раневская: «Я не пойду на сцену, там кто-то в зале сидит! Дуракам полработы не показывают! Почему я должна выходить и работать, когда дураки в зале?!» Слышу, Плятт говорит: «Фая, успокойся, это никакой не дурак, это артист Эфроса, Дуров». Раневская отвечает: «Дуров? Знаю. Да, он не дурак. Ну, черт с вами, пойдемте сыграем!».

Глава первая. Жизнь, как байка

Случай во Львове

Львов был одним из любимых городов Раневской. Здесь снимали ее «Мечту», где она в первый и последний раз сыграла в кино большую роль Розы Скороход. Город был пронизан прежним, дореволюционным, трогательным мещанским духом. Он был похож на милую ее сердцу, старую, не разрушенную войной Варшаву. Фаина Георгиевна вспоминала, как на съемках «Мечты» старая еврейка, хозяйка ее львовской квартиры, говорила ей: «Пани Раневская, эта революция таки стоила мне полздоровья».

В один из последних своих приездов во Львов Фаина Георгиевна разместилась в одной из центральных гостиниц. Мучаясь от бессонницы, поздно вечером актриса вышла на балкон подышать, и с ужасом увидела на соседнем доме светящуюся неоновыми буквами огромных размеров вывеску с неприличным словом на букву «ё». Потрясённая ночной распущенностью милого ее сердцу города, днём чтившего советские нормы приличия, Раневская уже не смогла сомкнуть глаз. Лишь на рассвете она разглядела потухшую первую букву «м» на вывеске мебельного магазина, написанной по-украински: «Мебля».

Сумасшедший успех

Одна актриса решила похвастать Раневской своим безумным успехом у аудитории. Она с гордостью воскликнула:

— Зрители просто рвали меня на части!

Фаина Георгиевна поинтересовалась:

— А где вы выступали?

Актриса с вызовом ответила:

— В психиатрической клинике.

Еврей и курица

Однажды актриса Ия Саввина, навещая дома больную Фаину Георгиевну, приготовила для нее свое фирменное блюдо — жаренную курицу в сметане. Блюдо выглядело и аппетитно, и красиво. Уходя, Ия Сергеевна настаивала, чтобы Раневская обязательно, хотя бы из уважения к ее труду, съела курицу. Когда Саввина ушла, Фаина Георгиевна сокрушенно заметила:

— Еврей ест курицу, когда он болен, или когда курица больна.

Упавшая звезда

Чувство юмора было защитным механизмом Раневской, помогавшим ей выжить. Актриса Ольга Аросева рассказывала, что, уже будучи в преклонном возрасте, Фаина Георгиевна как-то раз одна возвращалась домой в страшный гололёд. Выходя из ворот театра, она поскользнулась и упала. Мимо проходил какой-то добрый парень. Он сразу бросился помочь пожилой женщине, но когда увидел, что это знаменитая актриса, буквально замер на месте.

— Ну, что смотришь, руку давай! Народные артистки на дороге не валяются! — лежа на тротуаре, закричала ему Фаина Раневская своим неподражаемым басом.

Один недостаток: скромность

Комплексующая из-за своей внешности, Раневская всех красивых девушек презрительно называла «фифами». (Само собой подразумевалось, что они недалекого ума и все как одна кокотки).

Певица и актриса Елена Камбурова считает, что самое большое чудо в ее жизни произошло, когда Фаина Георгиевна, находясь на гастролях в Ленинграде, включила радио в тот самый момент, когда звучала первая чтецкая запись молодой Камбуровой. Великая актриса запросто села и написала Елене письмо-одобрение, начинавшееся словами: «Никогда не писала на радио...», и кончавшееся предложением встретиться. В такое везение Камбурова долго не могла поверить. Идя на встречу, она очень волновалась, но первая же фраза Раневской: «Деточка, как хорошо, что вы не фифа», сняла всю напряженность.

А когда они прощались, Фаина Георгиевна сказала: «У вас такой же недостаток, что и у меня. Нет, не нос — скромность!»

О Камбуровой Раневская говорила: «Ее травят за хороший вкус».

Неуловимое сходство

Раневская всегда была разной. Порой замыкалась в себе, порой была озорной и веселой, временами — беспечной и добродушной. И всегда — непредсказуемой. Если она хотела кому-то что-то сказать, то не отказывала себе в этом удовольствии.

Однажды Раневская подошла к актрисе N., мнившей себя неотразимой красавицей, и спросила:

— Вам никогда не говорили, что вы похожи на Брижит Бардо?

— Нет, никогда, — скромно ответила N., ожидая комплимента.

Раневская окинула ее оценивающим взглядом и с удовольствием заключила:

— И правильно, что не говорили!

Другой актрисе Раневская вдруг польстила, заявив, что та по-прежнему молода и прекрасно выглядит.

— Я не могу ответить вам таким же комплиментом, — дерзко ответила актриса.

— А вы бы, как и я, соврали! — посоветовала Фаина Георгиевна.

Любовь и без наркоза?

Великая русская советская актриса А.А. Яблочкина всю себя без остатка отдавала сцене, на которую выходила и в девяносто. Личная жизнь у Александры Александровны так и не сложилась, и она пребывала в девицах до старости.

Однажды Яблочкина по секрету поинтересовалась у Раневской, как это, собственно, мужчина и женщина занимаются любовью, какие такие ощущения они при этом испытывают? Раневская, верная своей манере, обошлась без эвфемизмов.

После обстоятельного откровенного рассказа Фаины Георгиевны, Яблочкина с ужасом воскликнула:

— Боже! И это все без наркоза!

Краткость – сестра Фаины

Раневская вспоминала, как в Доме отдыха «Комарово», где она несколько раз гостила, от скуки объявили конкурс на самый короткий рассказ. Его темой была любовь. В общем исписанная, банальная тема, но ведущие ставили еще четыре условия:

1) в рассказе должна быть упомянута королева;
2) упомянут Бог;
3) чтобы было немного секса;
4) присутствовала тайна.

Первую премию естественно получил рассказ Фаины Георгиевны, содержащий всего одну фразу:

«О, Боже, — воскликнула королева. — Я, кажется, беременна и неизвестно от кого!».

Сила мысли

Экстравагантной Раневской в жизни жутко «везло» на таких же чудаковатых поклонников. Особенно натерпелась она от одесских фанатов:

Глава первая. Жизнь, как байка

в «городе цветущих акаций» ей просто прохода не давали.

Однажды во время гастролей в Одессе одна пассажирка в автобусе, узнав Фаину Георгиевну, пришла в совершеннейший восторг. Она протиснулась к актрисе, завладела ее рукой, до боли крепко сжала ее и торжественно заявила:

— Разрешите мысленно пожать вашу руку!

Фаина Георгиевна перед гостями любила разыгрывать сценку, вспоминая, как одна одесситка безумно обрадовалась встрече с ней, своей любимой актрисой. Дамочка воскликнула: «Когда Раневская идет по городу, вся Одесса делает ей апофеоз».

Однажды за Раневской по одесской улице бросился бежать поклонник. Настигнув актрису, он радостно закричал, протягивая руку:

— Здравствуйте! Позвольте представиться, я — Зяма Иосифович Бройтман...

— А я — нет! — ответила Раневская и продолжила прогулку.

В другой раз на улице в Одессе к Раневской обратилась прохожая:

— Простите, мне кажется, я вас где-то видела... Вы в кино не снимались?

— Нет, — отрезала Раневская, которой надоели уже эти бесконечные приставания. — Я всего лишь зубной врач.

— Простите, — оживилась ее случайная собеседница. — Вы известный зубной врач? А как ваше имя?

— Черт подери! — разозлилась Раневская, теперь уже обидевшись на то, что ее не узнали. — Да мое имя знает вся страна!

У одесситов при виде любимой «Мули» часто происходило какое-то легкое умопомешательство. Однажды какая-то толстая женщина с авоськами бросилась к актрисе обниматься с криком: «Батюшки, смотрите, люди, кто это! Да вы же моя поклонница!..»

Как то-то актриса прогуливалась по Одессе, а за ней долго следовала какая-то гражданка, то обгоняя, то заходя сбоку, то отставая, пока наконец не решилась заговорить:

— Я не могу понять, вы — это она?
— Да, да, да, — басом ответила Раневская. — Я — это она!

Давно уже не женщина

Один из восторженных поклонников Фаины Георгиевны летом 1979 года специально прилетел в Москву из Новокузнецка, чтобы встретиться с великой актрисой. Он взял с собой два экземпляра ее фотопортрета, сделанного им в финале спектакля

«Дальше — тишина...» Один, конечно же, в подарок Фаине Георгиевне, другой — с целью получить автограф.

Предварительно созвонившись по телефону и получив согласие на встречу, он купил роскошный букет цветов, и приехал в Южинский переулок (сейчас Б. Палашевский. — *Ред.*), где последние годы жизни обитала Фаина Георгиевна.

Позвонил в дверь. Открыла САМА! Гостеприимно пригласила пройти. Едва переступив порог, поклонник опустился на одно колено и торжественно вручил актрисе цветы.

— Да вы с ума сошли, такие д-деньги тратить, это же целое состояние!.. — воскликнула Фаина Георгиевна.

— Ну что Вы?! Это в знак преклонения перед великой актрисой, прекрасной женщиной!

— Голубчик, я давно уже не женщина!.. — грустно заметила Фаина Георгиевна.

Да, так ответить могла только она.

Кокотка

Актер и певец Олег Анофриев вспоминал: «Свердловск, гастроли, советское время. Нам разрешают обедать в обкомовской столовой. Я за столом с Фаиной Георгиевной. Она просит у официантки:

— Будьте любезны, стакан молока.

— Нет молока, товарищ Раневская.

— А что, вы еще не подоили свою обкомовскую корову?

Заканчиваем обед, я предлагаю с некоторой долей фривольности:

— Позвольте, я заплачу за обед!

В ответ (тоже с некоторой долей фривольности):

— Значит, ты считаешь, что я твоя кокотка?.. Тогда плати!»

На балкон, как в космос

Олег Анофриев вспоминал:
«На старости лет Раневская получила новую квартиру, по-моему, на третьем этаже, с балконом.

— Фаина Георгиевна, выйдете на балкон, воздух-то какой, — предложил я.

— Что вы, что вы, миленький, я же не космонавт!»

Имени Анны Карениной

Как-то Раневская получила путевку в Дом отдыха ВТО в Комарово. Отдыхом актриса осталась страшно недовольна: в непосредственной близости с ее корпусом проходила железная дорога и днем и ночью беспрестанно грохотали поезда.

— Как отдыхаете, Фаина Георгиевна? — спросили ее.

— Спасибо, хорошо. Как Анна Каренина, — с мрачной ухмылкой ответила Раневская.

А уезжая из ненавистного учреждения, сказала, как отрезала: «Ноги моей больше не будет в этом Доме отдыха... имени Анны Карениной!»

Присела отдохнуть

Как-то на гастролях в Ленинграде Фаина Георгиевна зашла в местный музей великого полководца А.В. Суворова. Утомившись от осмотра экспонатов, она присела в кресло отдохнуть. К ней тут же подбежал смотритель и сделал строгое замечание:

— Вы, что не видите табличку? Здесь сидеть нельзя, это кресло генералиссимуса, князя Италийского, графа Рымникского, графа Священной Римской империи Александра Васильевича Суворова.

— Ну и что? Их ведь сейчас нет. А как придут, я встану.

Слово
не для женских ушек

Раневская любила рассказывать, как они с группой артистов театра однажды поехали в подшефный колхоз и зашли в правление представиться и пообщаться с народом.

Вошедший с ними председатель колхоза вдруг застеснялся шума, грязи и табачного дыма в своей конторе.

— ...б вашу мать! — заорал он, перекрывая другие голоса.— Во что вы превратили правление, ...б вашу мать. У вас здесь знаете что?.. Бабы, выйдите! (Бабы вышли.) У вас здесь, если хотите, извините за выражение, хаос!

БОЛВАН У ВХОДА

Раневская в замешательстве подошла к кассе кинотеатры и, протянув деньги, попросила билет на очередной сеанс.

— Товарищ Раневская, да ведь вы уже купили у меня билет на этот сеанс пять минут назад! — изумился кассир.

— Я знаю, — сказала Фаина Георгиевна. — Но у входа в кинозал какой-то болван взял и порвал его.

Огурчик-универсал

Режиссер Театра имени Моссовета Андрей Житинкин вспоминал:

— Это было на репетиции одного из последних спектаклей Фаины Георгиевны «Правда хорошо, а счастье лучше» по Островскому. Репетировали Раневская и Варвара Сошальская. Обе они были почтенного возраста: Сошальской — к восьмидесяти, а Раневской — за восемьдесят. Варвара была в плохом настроении: плохо спала, подскочило давление. В общем, ужасно. Раневская пошла в буфет, чтобы купить ей шоколадку или что-нибудь сладкое, дабы поднять подруге настроение. Там ее внимание привлекла одна диковинная вещь, которую она раньше никогда не видела — здоровенные парниковые огурцы, впервые появившиеся в Москве посреди зимы. Раневская, заинтригованная, купила огурец невообразимых размеров, положила в глубокий карман передника (она играла прислугу) и пошла на сцену.

В тот момент, когда она должна была подать барыне (Сошальской) какой-то предмет, она вытащила из кармана огурец и говорит:

— Вавочка (так в театре звали Сошальскую), я дарю тебе этот огурчик.

Та обрадовалась:

— Фуфочка (так звали Раневскую), спасибо, спасибо тебе.

Раневская, уходя со сцены, вдруг повернулась, очень хитро подмигнула Сошальской и продолжила фразу:

— Вавочка, я дарю тебе этот огурчик. Он большой и красивый. Хочешь ешь его, хочешь — живи с ним.

Пришлось режиссеру объявить перерыв, поскольку после этой фразы присутствующие просто полегли от хохота и репетировать уже никто не мог...

Прощай, свобода!

Однажды Фаина Георгиевна Раневская была на свадьбе друзей. И случилось так, что при выходе из Загса на голову жениха нагадил голубь. Случай в общем-то житейский... Все кругом рассмеялись, зато Раневская философски заметила по этому поводу:

— Вот так, молодожёны, этот голубь символ того, что свобода ваша улетела и на прощание нагадила.

Халатное отношение

Актриса Марина Неёлова вспоминала: «У Раневской дома одна из стен была сплошь увешана фотографиями, приколотыми иглами для внутривенных вливаний — Уланова, Шостакович, Пастернак, Ахматова, Цветаева... Я спросила: «Как же так — столько замечательных людей прошли через вашу жизнь, почему вы ничего не напишете?» — «Я, деточка, написала. Но потом перечитала Толстого, поняла, что он написал лучше, и свои заметки порвала».

Однажды, когда Неелова зашла к Фаине Георгиевне, та встретила ее в новом красивом халате, видимо, подаренном какой-то поклонницей.

«Как вам идет этот халат!» — решила сделать Раневской комплимент Марина Мстиславовна. «Деточка, что же мне сейчас может идти, кроме гробовой доски?!» — воскликнула Раневская. Неелова продолжала настаивать на своем. Тогда Раневская раздраженно произнесла: «Я поняла, что такое халатное отношение. Это когда встречаешь гостя в халате».

Глава первая. Жизнь, как байка

Оценила по достоинству

Известный художник-карикатурист Борис Ефимов вспоминал, как он вместе с Раневской присутствовал на закрытом просмотре какого-то западного фильма, сюжетом которого была довольно мерзкая история о кровосмесительной связи между братом и сестрой.

Когда они выходили из зала после просмотра картины, кто-то спросил:

— Ну и какое у вас впечатление, Фаина Георгиевна?

На что последовал ответ, полностью в духе Раневской:

— Впечатление, как будто наелась кошачьего дерьма.

Стол и стул

Раневская с искренней завистью говорила Евгению Габриловичу, живущему в свои последние годы в Доме ветеранов кино:

— Вам хорошо: пришел в столовую — кругом народ, сиди и ешь в удовольствие! А я все чаще одна за стол сажусь... А кушать одной, голубчик, так же противоестественно, как срать вдвоем!

ОТШИЛА

Часто Фаину Георгиевну осаждали назойливые журналисты. Но она наотрез отказывалась рассказывать о себе: «Как можно выставлять свою суть напоказ? Это нескромно и, по-моему, отвратительно».

Вот такое «интервью» дала она однажды корреспондентам:

— Я не пью, я больше не курю, и я никогда не изменяла мужу — потому что у меня его никогда не было, — заявила Раневская, упреждая возможные вопросы журналиста.

— Так что же, — не отстает журналист, — значит, у вас совсем нет никаких недостатков?

— В общем, нет, — скромно, но с достоинством ответила Раневская. И после небольшой паузы добавила: — Правда, у меня большая жопа, и еще я иногда немножко привираю...

Дума о кенгуру

Некому корреспонденту все-таки удалось раскрутить Фаину Раневскую на интервью.

— Что вы, голубчик, спрашиваете меня все о ролях, да о ролях? — возмутилась Фаина Георгиевна. — Спросили бы меня о чем-нибудь более интересном.

— О чем же?

— Например, о том, что я думаю об австралийских кенгуру.

— И что вы думаете об австралийских кенгуру? — заинтриговано спросил назойливый интервьюер.

— Я думаю, — после небольшого размышления ответила Раневская, — что они живут в Австралии.

Каков вопрос, таков ответ

— Кем была ваша мать до замужества? — спросил у Раневской настырный интервьюер.

— У меня не было матери до ее замужества, — пресекла Фаина Георгиевна его дальнейшие вопросы.

В другой раз журналист спросил у Раневской:

— Как вы считаете, в чем разница между умным человеком и дураком?

— Дело в том, молодой человек, что умный не знает, в чем эта разница, но никогда об этом не спрашивает.

Симуляция здоровья

— Над чем вы сейчас работаете? — традиционно спрашивали ее журналисты.

— Преимущественно над собой, — отвечала Фаина Георгиевна, хитро улыбаясь.

— В каком смысле?

— Симулирую здоровье.

Крупская на диете

В одном из интервью Фаина Георгиевна очень удивила корреспондента, заявив, что больше всего мечтала бы воплотить в кино образ Надежды Константиновны Крупской. (Как известно, жена и соратница вождя пролетариата, в пожилом возрасте страдала Базедовой болезнью и ожирением. — *Ред.*)

— Но ведь вы на нее совсем не похожи! — воскликнул изумленный журналист.

— Это была бы Крупская на девятом месяце интенсивного голодания! — изящно выкрутилась Раневская.

Продавец-исследователь

Раневская как-то на полном серьезе рассказала, что согласно результатам исследования, проведенного среди двух тысяч современных женщин, выяснилось, что двадцать процентов, то есть каждая пятая из них, не носит трусов.

— Помилуйте, Фаина Георгиевна, да где же это могли у нас напечатать результаты такого возмутительного исследования? — сокрушались ее собеседники.

— Нигде. Данные получены мною лично от продавца в обувном магазине, — заявила актриса.

Ошибка природы

В доме отдыха на прогулке приятельница Фаины Георгиевны заявила:
— Я так обожаю природу!

Раневская остановилась, внимательно осмотрела ее и сокрушенно сказала:

— И это после того, что она с тобой сделала?

Комплимент на все сто

Однажды на улице «валютчиков» имени Горького Раневскую остановил какой-то иностранец и, жутко извиняясь, спросил:

— Сударыня, не могли бы вы разменять мне сто долларов?

— Увы, откуда! Но благодарю за комплимент, — с поклоном ответила актриса.

Самое трудное в жизни

Как-то Раневскую спросили:
— Что для вас самое трудное?

— О, самое трудное я делаю до завтрака, — разоткровенничалась актриса.

— И что же это?

— Встаю с постели.

ГУД БАЙ, ОБЩЕПИТ!

Как-то Раневская обедала в одном ресторане и не осталась довольна ни кухней, ни обслуживанием.

— Позовите д-директора, — расплатившись по счету, строго заявила капризная актриса официанту.

А когда к ее столику подбежал не на шутку обеспокоенный директор, Фаина Георгиевна предложила ему обняться.

— Что такое? — смутился тот.

— Обнимите меня, — потребовала Фаина Георгиевна.

— Но зачем? — трясясь коленками, молвил, как водится, вороватый общепитовский начальник.

— На прощание. Больше вы меня здесь не увидите. Н-никогда!

Загадка человека

Киногруппа, в составе которой была и Фаина Раневская, с утра выехала за город на натурные съемки. В чистое поле. Предстояла большая работа, нужно было много успеть за день. У Раневской же, как на зло, случилось расстройство желудка. По приезде на площадку она сразу же помчалась к выстроенному на краю поля неприметному домику...

Давно уже установили аппаратуру, давно уже группа приготовилась к съемкам, а народной артистки все не было и не было. Режиссер стал нервничать, ежеминутно глядеть на часы, оператор сучил ногами. А актриса все не появлялась. Несколько раз посылали помрежа на разведку: не случилось ли что? Раневская слабо откликалась, говорила, что жива, но просила не беспокоить.

Только через час Фаина Георгиевна, наконец, появилась и, ничуть не смущаясь, сказала своим величественным басом: «Никогда бы не подумала, что в человеке столько говна!»

Вольному воля

Людям нетрадиционной сексуальной ориентации в советское время приходилось несладко. За мужеложство могли и засадить на солидный срок в тюрьму. Однажды в театре Моссовета состоялось показательное судилище. На партсобрании труппы клеймили немарксистское поведение одного довольно именитого актера, заподозренного в гомосексуализме. Звучали гневные выкрики: «Это извращенец, это растлитель молодежи, это преступник!»...

«Бог мой, несчастная страна, где человек не может распорядиться своей жопой», — воскликнула Раневская, наевшись этой «лапшой».

Согласно же версии другого очевидца, Фаина Георгиевна пробасила: «Каждый волен распоряжаться своей жопой, как ему хочется. Поэтому я свою поднимаю и у...бываю».

Рецепт ее молодости

Как-то одна знакомая сделала Фаине Георгиевне комплимент, сказав, что та выглядит гораздо моложе своих лет.

— Какие косметические средства вы используете, импортные или наши? — поинтересовалась она у актрисы.

Фаина Георгиевна, изобразив серьезность на лице, ответила:

— Импортный полироль не хуже нашего крэ-эма, честное слово. С вас сползет старая кожа, и вы будете ходить, как новорожденная.

Слово из пяти букв

В Доме отдыха и творчества кинематографистов в Репино под Ленинградом вечерами бывало скучновато. Не найдя, чем себя занять, отдыхающие разгадывали бесконечные кроссворды.

— Итак, по горизонтали: падшее существо, пять букв, последняя — мягкий знак?

Все задумались, а Раневская без размышлений ответила:

— Рубль!

А это уже совсем анекдот, авторство которого приписывают Фаине Георгиевне.

Собравшиеся актеры вечером разгадывают очередной кроссворд:

— Женский половой орган из пяти букв?

— По вертикали или по горизонтали?

— По горизонтали.

— Тогда ротик.

Выгодная страховка

— Берите пример с меня, — сказала как-то Раневской одна оперная солистка Большого театра. — Я недавно застраховала свой голос на очень крупную сумму.

— Ну, и что же вы купили на эти деньги? — спросила Фаина Георгиевна.

Дважды два

Находясь на гастролях, группа артистов, от нечего делать, отправилась днем в зоопарк. Среди них была и

Раневская. И вот в одной из клеток перед ними предстал удивительного вида олень, на голове у которого вместо двух рогов красовалось целых четыре.

— Какое странное животное! Что за чудо природы? — удивился кто-то.

— Я думаю, что это просто вдовец, который имел неосторожность снова жениться, — предположила Фаина Георгиевна.

Эротический чих

Однажды нашу народную артистку пригласили в состав приемной комиссии одной московской театральной школы-студии.

Последняя абитуриентка в качестве дополнительного вопроса получила от Раневской задание:

— Девушка, изобразите нам что-нибудь эротическое с крутым обломом в конце...

Через секунду перед членами приемной комиссии девушка начала нежно стонать:

— А... аа... ааа... Аааа... Аа-аа-аапчхи!!

Достойный ответ

Ковыляющую по узкому тротуару Раневскую грубо оттолкнул какой-то спешащий парень, к тому же обругав ее последними словами. Фаина Георгиевна, несмотря на весь свой убийственный матерный арсенал, на сей раз ответила хаму с изысканной вежливостью:

— В силу ряда причин я не могу сейчас ответить вам словами, какие употребляете вы. Но искренне надеюсь, что когда вы вернетесь домой, ваша мать выскочит из подворотни и как следует вас искусает.

Не смешно

Как-то Раневская со всеми своими домашними и огромным багажом приехала на вокзал.

— Жалко, что мы не захватили с собой пианино, — потеряно сказала Фаина Георгиевна.

— Не остроумно, — заметил кто-то из сопровождающих.

— Действительно не смешно, — вздохнула Раневская. — Дело в том, что на крышке пианино я оставила все наши билеты на проезд.

Дала на чай

Однажды поздним вечером Раневская возвращалась домой из гостей на такси. Когда они приехали, на счетчике нащелкало ровно восемьдесят копеек. Раневская протянула водителю рубль и потребовала сдачи.

— А как же на чай? — возмутился таксист, в темноте, скорее всего, не распознавший в ночной пассажирке знаменитую актрису.

Раневская категорически отказала ему:

— Я, чай, не п...дой деньги зарабатываю.

Стучите ногами

Когда Раневская приглашала кого-нибудь к себе в гости, то обязательно предупреждала, что звонок не работает (кстати, дверь она часто держала и вовсе открытой).

— Когда придете, стучите в дверь ногами, — наставляла она.

— Почему ногами, Фаина Георгиевна?

— Но вы же ко мне не с пустыми руками собираетесь приходить!

Успокоила

— Жемчуг, который я буду носить в первом акте, должен быть настоящим, — потребовала капризная старлетка (подающая надежды молодая звезда. — *Ред.*).

— Не беспокойся, деточка! Всё будет настоящим, — успокоила ее Раневская. — Всё-всё: и жемчуг в первом действии, и яд — в последнем.

Жертва Хера Симы

Одна из хороших знакомых Фаины Георгиевны постоянно переживала драмы из-за своих сложных любовных отношений с сослуживцем, которого звали Симой. Случалось, этот легкомысленный мачо, погнавшись за очередной юбкой, ее бросал, а потом возвращался и каялся. Так повторялось снова и снова. Бедная женщина вечно ходила в слезах после очередной бурной ссоры, время от времени делала от нечестивца аборты. Благодаря Раневской к несчастной дамочке накрепко приклеилось прозвище: «Жертва Хера Симы».

Подбодрила

Однажды на съемках постоянный гример Раневской то ли заболел, то ли просто не пришел — так или иначе, на месте его не оказалось. После громкого скандала, на кои она была большая мастерица, Раневская согласилась на замену. Ей привели робкую, скромную, только что окончившую институт молоденькую девчонку. Та и так была в полуобмороке от сознания того, с кем ей предстоит работать, а этот скандал ее доконал окончательно. Очевидно, желая подбодрить новенькую, Раневская решила поговорить с ней о жизни. «Замужем?» — спросила она. «Нет...» — робко пискнула девушка. «Хорошо! — одобрила Фаина Георгиевна. — Вот помню, когда в Одессе меня лишали невинности, я орала так, что сбежались все городовые!»

Веские обстоятельства

Однажды Раневскую спросили, не знает ли она причины развода ее приятелей. Фаина Георгиевна, не задумываясь, сказала:

— У них были разные вкусы: она любила мужчин, а он — женщин.

Не поняла

— Вы не поверите, Фаина Георгиевна, но меня еще не целовал никто, кроме жениха, — призналась Фаине Георгиевне молоденькая актриса.

— Это вы хвастаете, милочка, или жалуетесь? — недоуменно спросила Раневская.

Предварительные ласки

В парке на лавочке сидели юноша с девушкой и мило ворковали, как голубки, не обращая никакого внимания на примостившуюся на краюшке Фаину Раневскую. Видно было, что кавалер очень застенчив и нерешителен. Девушке же очень хотелось, чтобы юноша ее поцеловал. Тогда она притворно сказала:

— Ой, у меня щека болит! Юноша нежно поцеловал ее в щечку.

— Ну как, теперь полегчало? — заботливо спросил он.

— Да-да, уже совсем не болит.

Но через некоторое время находчивая девушка опять пожаловалась:

— Ой, у меня шейка болит! Юноша поцеловал ее в шейку.

— Ну как, уже не болит?

— Нет, теперь уже все прошло.

Сидевшая рядом Раневская не выдержала и серьезно поинтересовалась у юноши:

— Молодой человек, а вы случайно меня от геморроя не вылечите?

Похоронные причиндалы

Когда уже в преклонном возрасте Раневская получила новую квартиру в Южинском переулке (ныне Б. Палашевском. — *Ред.*) в центре Москвы, друзья помогли ей перевезти немудреный скарб, расставить мебель, разложить вещи по местам. Они уже собирались уходить, как вдруг Фаина Георгиевна, схватившись за сердце, обеспокоенно заохала:

— Бог ты мой, а где же мои похоронные принадлежности?! Друзья мои, куда вы сунули мои похоронные принадлежности? Я уже давно дышу на ладан, и они могут понадобиться в любую минуту! Не уходите же, разыщите их — я потом сама ни за что не найду!

Все бросились на поиски этих «похоронных принадлежностей», не совсем понимая, что же, собственно, нужно искать. И вдруг Раневская радостно воскликнула:

— Какое счастье, они нашлись, мои посмертные причиндалы!

И с гордостью продемонстрировала всем скромную картонную коробку, видимо, из-под обуви, где хранились ее многочисленные дорогие ордена и медали. На коробке было нацарапано рукой самой Фаины Георгиевны: «Похоронные принадлежности».

Совсем не изменилась

Хозяйка дома показала Раневской свою фотографию детских лет. На ней была запечатлена маленькая девочка, сидящая на коленях пожилой женщины.

— Вот такой я была тридцать лет назад, — сказал хозяйка.

— А к-хто тогда эта маленькая девочка? — с наивным видом спросила Фаина Георгиевна.

Жутко не повезло

— Вы слышали, как не повезло писателю Х.? — однажды спросили у Раневской.

— Нет, а что же с ним случилось? — обеспокоенно спросила актриса.

— Он упал и сломал себе правую ногу.

— Действительно, вот не повезло, так не повезло. Чем же он теперь будет писать? — посочувствовала неудачнику Фаина Георгиевна.

Какая власть, такой и автопром

Артист Театра им. Моссовета Николай Афонин был соседом Раневской по дому в Южинском переулке. У него был перл советского Автопрома горбатый «Запорожец» и Афонин иногда подвозил на нем Фаину Георгиевну из театра домой. Как-то в его крошечное авто ухитрились втиснуться сзади сразу три человека, а впереди, рядом с Афониным, села Раневская. Когда они уже подъезжали к своему дому, актриса поинтересовалась:

— Кх-Колечка, скажите, а много ли вы денежек выложили за свой «Кадиллак»?

Афонин с гордостью ответил:

— Две тысячи рублей, Фаина Георгиевна.

— Какое бл...дство со стороны властей, — мрачно заключила Раневская, с трудом выбираясь из горбатого уродца.

Умственная работа

Однажды Раневскую в шутку спросили:
— Фаина Георгиевна, как вы считаете, сидеть в сортире — это умственная работа или физическая?

— Конечно, умственная. Если бы это была физическая работа, я бы наняла специального человека, — простодушно ответила актриса.

Само совершенство

Всех артистов Театра им. Моссовета добровольно-принудительно обязали посещать кружок марксистско-ленинской философии. Как-то преподаватель спросил с подвохом, что такое национальное по форме и совершенное по содержанию.

— Это пивная кружка с водкой, — моментально ответила Раневская.

Маркс и Венера

Раневская шутила, что тотальная политизация населения Союза достигла своего пика, поскольку даже бабули на лавочке у ее подъезда вместо пьяниц-соседей стали обсуждать кандидатов в члены Политбюро ЦК и решения очередного съезда КПСС. Фаина Георгиевна в качестве подтверждения своего тезиса о глобальной политизации населения ссылалась на свою знакомую Щепкину-Куперник, которая рассказывала, как одна корректорша, с сознанием своей правоты, переделала фразу «на камине стояли Марс и Венера» в фразу «на камине стояли Маркс и Венера».

Великий исход

Как рассказывал Глеб Скороходов, Раневская иногда предлагала близким друзьям, которые посещали ее дом, посмотреть на картину, которую она якобы нарисовала. И показывала чистый лист бумаги.

— И что же здесь изображено? — удивлялись друзья.

— Разве вы не видите? Это же великий исход евреев из Египта через Красное море.

— И где же здесь море?

— Оно уже позади.

— А где же евреи?

— Они уже перешли посуху через море.

— Где же тогда египтяне?

— А вот они-то скоро появятся! Ждите! — интригующе шептала Раневская.

Форменное побоище

Известный драматург Виктор Розов обижался, считая, что Раневская незаслуженно мало внимания уделяет к его творчеству.

— Очень сожалею, Фаина Георгиевна, что вы не были на премьере моей новой пьесы, — похвастался он однажды. — Люди у касс устроили форменное побоище!

— И как? Удалось им получить деньги обратно? — с наивностью в голосе спросила актриса.

В другой раз выдающегося драматурга возмутило критическое замечание Раневской по поводу его очередного творения.

— Ну-с, Фаина Георгиевна, и чем же вам не понравился финал моей последней пьесы? — спросил Виктор Сергеевич.

— Он находится слишком далеко от начала, — сказала, как отрезала, Раневская.

Важная часть тела женщины

Очень трогательным воспоминанием о Фаине Георгиевне поделился актер Евгений Стеблов: «Однажды, уже будучи в преклонном возрасте, Раневская потеряла свою сумочку, в которой были очки и текст роли. Актриса очень расстроилась, но вскоре пропажа нашлась — оказалось, сумочку Фаина Георгиевна забыла в своем доме, у лифта. Увидев вещь целой и невредимой, Раневская разволновалась и, как бы оправдываясь, произнесла: «Вы должны понять, что для женщины сумка — это часть ее тела!»

Какие ноги пропали!

Иногда фразы Раневской звучали прямо-таки кощунственно. Так на поминках, помянув только что умершую подругу-актрису, она с неподдельной завистью воскликнула:

— Хотелось бы мне иметь её ноги — у неё были прелестные ноги! Жалко — теперь пропадут.

Глава первая. Жизнь, как байка

И поделом

— Я вчера была в гостях у N. И пела для них два часа... — рассказывала Фаине Георгиевне одна знакомая дама.

— Так им и надо! Я их тоже терпеть не могу, — торжествующе заметила Раневская.

Прихлопнула

— Меня так хорошо принимали, — рассказывал Раневской вернувшийся с гастролей артист N. — Я выступал на больших открытых площадках, и публика непрестанно мне рукоплескала!

— Вам просто повезло, — заметила Фаина Георгиевна. — На следующей неделе выступать было бы намного сложнее.

— Почему?

— Синоптики обещают похолодание, и будет намного меньше комаров.

Все, как и просили...

Борис Львович однажды выступал на праздничном вечере 8 марта в поликлинике, к которой уже много лет прикреплены артисты Театра им. Моссовета. Он рассказывал байки «от Раневской», зал хохотал, а одна медсестра, разволновавшись, и вовсе выбежала на сцену: «Я лечила Фаину Георгиевну, можно, я тоже расскажу!» И поведала, как однажды Раневская принесла мочу на анализ... в термосе! Сестра очень удивилась: «Фаина Георгиевна, зачем же в термосе — надо же в маленькой баночке!» И великая актриса ехидно пробасила: «Ох, ни хрена себе! А кто вчера сказал: неси прям с утра ТЕПЛУЮ?!»

Итальянский дворик

Однажды Раневская заболела и вынуждена была отлеживаться дома.

Глава первая. Жизнь, как байка

Нежданно-негаданно к ней нагрянули гости из профсоюза театра, как полагается, с фруктами и конфетами. Фаина Георгиевна в благодарность решила напоить их чаем со сладостями, при этом совершенно забыв, что на кухне у нее, мягко говоря, не прибрано. Войдя, гости обомлели, увидев гирлянду огромных трусов и лифчиков, развешанных под потолком.

Никак не выдав своего смущения, Фаина Георгиевна заявила:

— Не обращайте внимания, это мой «итальянский дворик».

Эх, молодость!

Как-то Фаина Георгиевна услышала разговор двух старушек на скамеечке перед подъездом. Те как обычно перемывали косточки подрастающему поколению: молодежь, мол, совершенно испортилась, стала легкомысленной, не уважает старших, живет без царя в голове, только о забавах и думает...

Услышав все это, Раневская сказала со вздохом:

— Да, современная молодежь ужасна. Но самое ужасное в молодежи то, что мы уже не принадлежим к ней и не можем совершать все эти ужасные глупости...

Дыша Пушкиным

Раневская просто боготворила Александра Сергеевича. После инфаркта Фаину Георгиевну забрали в больницу. Но она продолжала сильно курить. Врачи, однажды застукав Раневскую с сигаретой, сделали ей замечание: «Вы дымите как паровоз. Чем же Вы дышите?»

На что она ответила: «Пушкиным!»

На вопрос, что она читает кроме Александра Сергеевича, Раневская невозмутимо говорила: «Ничего! Я уже старая и у меня нет ни времени, ни сил на чтение всякой ерунды, чем я занималась раньше».

Портрет Пушкина занимал в комнате Раневской самое видное место. Томик поэта сопровождал ее всюду, он всегда должен был быть под рукой: когда она направлялась завтракать, когда садилась в кресло у телефона, и ни один ее разговор с друзьями не обходился без пушкинской темы.

Однажды Раневская случайно услышала, как один мальчик сказал: «Я сержусь на Пушкина, потому что няня ему рассказала сказки, а он их записал и выдал за свои».

— П-прелесть! — передавала его слова подругам Фаина Георгиевна.

Однако после глубокого вздоха последовало продолжение:

— Но боюсь, что мальчик все же полный идиот!

Однажды Фаина Георгиевна рассказала друзьям свой сон: «На ночь я почти всегда читаю Пушкина. Потом принимаю снотворное и опять читаю, потому что снотворное не действует. Я опять принимаю снотворное и думаю о Пушкине. Если бы я его встретила, я сказала бы ему, какой он замечательный, как мы все его помним, как я живу им всю свою долгую жизнь... Потом я засыпаю, и мне снится Пушкин. Он идет с тростью по Тверскому бульвару. Я бегу к нему, кричу. Он остановился, посмотрел, поклонился и сказал:

— Оставь меня в покое, старая бл...дь. Как ты надоела мне со своей любовью».

Сопли в сахаре

В число знакомых Фаины Георгиевны входила журналистка Татьяна Тэсс, особа, «приближенная к выс-

Глава первая. Жизнь, как байка

шим кругам», писавшая актрисе длинные, обстоятельные письма о своих вечных «женских» проблемах, и сладкоречивые, сиропные газетные статьи, называемые Раневской «сопли в сахаре». Это была крайне деловая и состоятельная дама, подробно интересовавшаяся кругом знакомств Раневской, полагавшая, что она является лучшей подругой «милой Фаины».

— Богата-а-я! — говорила про нее Раневская. И добавляла в тон: — А попросишь занять, найдет изобретательную форму отказа: «Нет, Фаиночка, о вас же пекусь, вам будет тяжело отдать». Заботливая такая...

Как-то Раневская подшутила над Тэсс, написав ей: «Приезжайте ко мне, в поместье. На станцию "Малые Херы"». На службе у Тэсс в редакции газеты «Известия» дамы разволновались. И какая-то из них спросила: «А где такая станция?»

Прогресс в медицине

Однажды старая подруга спросила Раневскую:

— Фаина, как ты считаешь, современная медицина делает успехи?

— Еще какие. В молодости для установления точного диагноза мне каждый раз приходилось почти донага раздеваться перед врачами, а теперь достаточно лишь язык показать.

Волоком по двору

Замечательный актер, художественный руководитель Московского театра Сатиры Александр Анатольевич Ширвиндт вспоминал: «Фаина Раневская обладала самым нестандартным мышлением, она никогда специально свои фразочки не выдумывала, а просто была таким редким человеком, который говорит афористично... Я жил с ней в одном доме.

Она всегда была «больна». Даже тогда, когда чувствовала себя прекрасно — охала, ахала, как и положено одинокой даме. Однажды встретил ее на пороге подъезда. «Шурочка, вы торопитесь?» — спросила она. «Не очень». — «А проволоките меня по двору метров пять-шесть, очень хочется подышать!»

Вот и вся любовь

Казалось бы, в своей жизни Фаина Георгиевна была не обделена любовью. Раневскую театралы просто боготворили, спектакли с ее участием собирали аншлаги, зал не хотел отпускать ее со сцены, награждая нескончаемыми аплодисментами. Признание в любви тысяч и тысяч пусть незнакомых, далеких, чужих — последняя соломинка одинокого человека. Но Фаина Георгиевна не обольщалась. И не рассчитывала всерьез на любовь к себе. Она понимала, что люди просто попадают под обаяние созданных ее талантом сценических образов. Раневская писала в дневнике: «От зрителей получаю письма, полные любви. Но ведь это не мне, а тем, кого изображаю. Тоска, тоска...»

Как-то после спектакля Фаина Георгиевна, сидя в гримерке, грустно окинула взором многочисленные дары поклонников — охапки цветов, корзины с письмами, открытками и записками, полными восторга, — и печально заметила:

— Как много любви, а в аптеку сходить некому!

Слова, слова, слова

Фаину Георгиевну друзья и коллеги настойчиво уговаривали публично отметить восьмидесятилетний юбилей:

Глава первая. Жизнь, как байка

соблюдение больничного режима. Но больше всего он был доволен своей эффективной методой:

— Я рекомендовал вам выкуривать только по одной папиросе после еды. И вот результат: у вас прекрасный здоровый вид, вы заметно поправились, — с оптимизмом сказал он.

— Вы хотите сказать, что у меня жопа стала ещё толще?! Неудивительно, я ведь теперь ем по десять раз в день, чтобы только лишний раз покурить, — раскрыла секрет своего здоровья и цветущего вида Фаина Георгиевна.

Без суфлера

Увы, больница в последние годы жизни актрисы стала ее вторым домом.

Как-то Раневской делали операцию под наркозом. Врач попросил ее сосчитать до десяти. От страха и волнения Фаина Георгиевна начала считать невпопад:

— Один, два, пять, семь...

— Будьте предельно внимательны, пожалуйста, — попросил врач.

— Поймите, как мне трудно, — стала оправдываться актриса. — Моего суфлера ведь нет рядом!

Любовь и склероз

Прожив восемьдесят лет, Фаина Георгиевна Раневская с горечью писала, что когда ей было двадцать, она думала только о любви, а теперь любит только думать.

Однажды актриса уже в преклонные годы выступала на каком-то творческом вечере. Когда дошло время до вопросов из зала, одна сентиментальная девчушка лет шестнадцати наивно поинтересовалась:

— Фаина Георгиевна, скажите, пожалуйста, а что такое любовь?

Раневская подумала и честно сказала:

— Увы, м-милочка, я, честно говоря, забыла...

Правда, тут же спохватившись, добавила:

— Но помню-помню, что это что-то очень приятное...

Подарок врачам

Как-то уже старенькой Раневской преподнесли на 8 марта комплект дорогого и в советское время дефицитного импортного нижнего белья. Внимательно изучив подарок, Фаина Георгиевна изрекла: «Вот уж обрадуются мои врачи, глядя на меня».

Чудо-доктор

— Ну, как вам Фаина Георгиевна, новый доктор? — спросили подруги, навестившие больную актрису в клинике.

— Этот доктор просто творит чудеса! После посещения он буквально за минуту вылечил все мои болезни, — саркастически заметила Фаина Георгиевна.

— Каким же образом? — изумились подруги.

— Он сказал, что все мои болезни — не болезни, а симптомы приближающейся старости.

Однажды чудо-доктор принес ей дефицитные импортные таблетки от бессонницы.

— Вот ваше снотворное, Фаина Георгиевна, этого вам хватит на шесть недель.

— Но, доктор, я не хотела бы спать так долго! — с ужасом воскликнула Раневская.

Однажды увидев, что Фаина Георгиевна читает в больничной палате Цицерона, врач заметил:

— Не часто встретишь женщину, читающую Цицерона.

— Да и мужчину, читающего Цицерона, встретишь не часто, — парировала Фаина Георгиевна.

Скромность — венец величия

В ответ на раздающиеся в ее адрес комплименты, Фаина Георгиевна скромно замечала: «Есть артисты и получше Раневской».

Однажды Ольге Аросевой сообщили, что Фаине Георгиевне очень плохо, она лежит на улице Грановского в Кремлевской больнице и хочет видеть ее. Аросева пришла, но ее не пустили, сказали: нужно заранее заказать пропуск. Ольга Александровна уже в то время была известной актрисой, но ее все равно не пустили. Велели с пропуском явиться на следующий день.

Как пишет Аросева, Фаина Георгиевна «лежала в палате одна, похожая на короля Лира: седые волосы разметались по подушке, глаза все время глядят под веки... Спрашиваю:

— Фаина Георгиевна, как вы себя чувствуете?

А она слабым голосом:

— Начнешь меня завтра изображать по всей Москве?

Я села рядом с постелью и стала ее ободрять, хвалить:

— Вы такая гениальная артистка, Фаина Георгиевна... Ведь у молодых красивых героинь все решает роль. Большая роль делает актрису гениальной. А у вас роли маленькие, вы — характерная актриса — и все равно героиня, звезда. — Совсем захожусь в похвалах, чтобы она не лежала вот так безучастно с «уходящими» глазами: — Вы единственная, уникальная, больше в мире таких нет...

И тогда глаза приоткрылись, и с койки грозно так донеслось:

— А Анна Маньяни?..»

ГЛАВА ВТОРАЯ
ЖЕНЩИНА-ПЕРЛ

*Афоризмы и максимы
Фаины Раневской*

О ЖИЗНИ

•••

Жизнь — это затяжной прыжок из п...ды в могилу.

•••

Жизнь — это опыт со смертельным исходом.

•••

Жизнь — это небольшая прогулка перед вечным сном.

•••

Жизнь бьет ключом по голове! (Это выражение также приписывают Тэффи.)

• • •

Жизнь проходит и не кланяется, как сердитая соседка.

• • •

День кончился. Еще один напрасно прожитый день никому не нужной моей жизни.

• • •

Фаина Раневская любила повторять фразу Эпикура: «Хорошо прожил тот, кто хорошо спрятался».

• • •

Мысли тянутся к началу жизни — значит, жизнь подходит к концу.

• • •

Бог мой, как прошмыгнула жизнь, я даже никогда не слышала, как поют соловьи.

• • •

Жизнь моя... Прожила около, все не удавалось. Как рыжий у ковра.

Глава вторая. Женщина-перл

• • •

У меня хватило ума глупо прожить жизнь.

• • •

Живу только собою — какое самоограничение.

• • •

Жить нужно так, чтобы тебя помнили и сволочи.

О СЕБЕ

• • •

Что-то давно мне не говорят что я бл...дь. Теряю популярность.

• • •

Я социальная психопатка. Комсомолка с веслом. Вы меня можете пощупать в метро. Это я там стою, полусклонясь, в купальной шапочке и медных трусиках, в которые все октябрята стремятся залезть. Я работаю в метро скульптурой. Меня отполировало такое количество лап, что даже великая проститутка Нана могла бы мне позавидовать.

• • •

Есть во мне что-то мне противное.

• • •

Всё сбудется, стоит только расхотеть...

• • •

Оптимизм — это недостаток информации.

• • •

Я давно ждала момента, когда органы оценят меня по достоинству.

• • •

Я знаю самое главное, я знаю, что надо отдавать, а не хватать. Так доживаю с этой отдачей.

Глава вторая. Женщина-перл

• • •

Дарить надо то, что жалко, а не то, что ненужно!

• • •

Более 50 лет живу по Толстому, который писал, что не надо вкусно есть.

• • •

Один горестный день отнял у меня все дары жизни.

• • •

С моей рожей надо сидеть в погребе и ждать околеванца.

• • •

Когда я слышу приглашение: «Приходите потрепаться» — мне хочется плакать.

• • •

У меня головокружение от отсутствия успеха.

•••

В жизни мне больше всего помешала душа, как хорошо быть бездушной!

•••

Нет большего счастья, чем обладать одной извилиной в мозгу и большим количеством долларов.

•••

Проклятый девятнадцатый век, проклятое воспитание: не могу стоять, когда мужчины сидят.

•••

Думайте и говорите обо мне, что пожелаете. Где вы видели кошку, которую бы интересовало, что о ней говорят мыши?

•••

Мое богатство, очевидно, в том, что мне оно не нужно.

Глава вторая. Женщина-перл

• • •

Вторая половинка есть у мозга, жопы и таблетки. А я изначально целая.

• • •

Я не верю в духов, но боюсь их.

• • •

Как же мне одиноко в этом страшном мире бед и бессердечия.

• • •

Меня забавляет волнение людей по пустякам, сама была такой дурой. Теперь перед финишем понимаю ясно, что все пустое. Нужна только доброта, сострадание.

• • •

8 марта — мое личное бедствие. С каждой открыткой в цветках и бантиках вырываю клок волос от горя, что я не родилась мужчиной.

•••

Раневская любила повторять: из жизни нужно, по возможности, устранять все, для чего нужны деньги. Но с досадой добавляла афоризм Бальзака: «Деньги нужны, даже для того, чтобы без них обходиться».

•••

Я ненавижу деньги до преступности. Я их просто бросаю, как гнойные, гнилые тряпки.

•••

Дома так много бумажек и ни одной из них денежной.

•••

Куда эти чертовы деньги деваются, вы мне не можете сказать? Разбегаются, как тараканы с чудовищной быстротой.

•••

Огорчить могу, обидеть никогда. Обижаю разве что себя самое.

Глава вторая. Женщина-перл

• • •

С моим почерком меня никогда бы не приняли в следователи, только в бандиты.

• • •

Если бы я часто смотрела в глаза Джоконде, я бы сошла с ума: она обо мне знает все, а я о ней ничего.

• • •

Врагу не пожелаю проклятой известности. В том, что вас все знают, все узнают, есть для меня что-то глубоко оскорбляющее, завидую безмятежной жизни любой маникюрши.

• • •

Запомни на всю жизнь: надо быть такой гордой, чтобы быть выше самолюбия.

• • •

У меня два Бога: Пушкин, Толстой. А главный? О нем боюсь думать.

• • •

Я родилась недовыявленной и ухожу из жизни недопоказанной. Я недо...

• • •

Страшно грустна моя жизнь. А вы хотите, чтобы я воткнула в жопу куст сирени и делала перед вами стриптиз.

• • •

Если не сказать всего, значит не сказать ничего.

• • •

Я не могу есть мясо. Оно ходило, любило, смотрело... Может быть, я психопатка? Нет, я себя считаю нормальной психопаткой. Но не могу есть мяса. Мясо я держу для людей.

• • •

Пусть это будет маленькая сплетня, которая должна исчезнуть между нами.

Глава вторая. Женщина-перл

• • •

Никто, кроме мертвых вождей, не хочет терпеть праздноболтающихся моих грудей, — жаловалась Раневская.

• • •

Толстой сказал, что смерти нет, а есть любовь и память сердца. Память сердца так мучительна, лучше бы её не было... Лучше бы память навсегда убить.

• • •

Хороший вкус — тоже наказание Божье.

• • •

Отсутствие вкуса — путь к преступлению.

• • •

Я верю в Бога, который есть в каждом человеке. Когда я совершаю хороший поступок, я думаю, это дело рук Божьих.

• • •

Я говорила долго и неубедительно, как будто говорила о дружбе народов.

• • •

— Фаина Георгиевна, как ваши дела?
— Вы знаете, милочка, что такое говно? Так оно по сравнению с моей жизнью — повидло.

• • •

— Как ваша жизнь, Фаина Георгиевна?
— Я вам еще в прошлом году говорила, что говно. Но тогда это был марципанчик.

• • •

— Вы не еврейка?
— Нет, что вы! Просто у меня интеллигентное лицо.

• • •

Почему я так не люблю пушкинистов? Наверное, потому что неистово люблю Пушкина.

Глава вторая. Женщина-перл

• • •

Научите меня нервно и аристократично курить, прищуриваясь и ломая изгибы пальцев о кожаные кресла и диваны, путать дымом шелковые шторы, и, возможно, я смогу красиво признаться вам в любви, стихами и безумно красивыми словами, без орфографических ошибок, а пока — увольте, но я хочу вас трахнуть прямо здесь на полу...

• • •

У всех есть «приятельницы», у меня их нет и не может быть.

• • •

Внешность подпортила мою жизнь. Всю жизнь мучилась со своим гигантским носом. Можно ли представить Офелию с таким носом?

• • •

Наверное, я чистая христианка. Прощаю не только врагов, но и друзей своих.

• • •

Всю свою жизнь я проплавала в унитазе стилем баттерфляй.

• • •

Больше всего в жизни я любила влюбляться.

• • •

Я часто думаю о том, что люди, ищущие и стремящиеся к славе, не понимают, что в так называемой славе гнездится то самое одиночество, которого не знает любая уборщица в театре.

• • •

«Я не Яблочкова, чтобы играть до ста лет», — сказала Фаина Раневская, уходя из театра.

Глава вторая. Женщина-перл

О здоровье и болезнях

• • •

Оправившись от инфаркта, Раневская заключила:

— Если больной очень хочет жить, врачи бессильны.

• • •

Раневская сообщила друзьям, что была «на приеме у врача ухо-горло-жопа».

• • •

Моя любимая болезнь — чесотка: почесался и еще хочется. А самая ненавистная — геморрой: ни себе посмотреть, ни людям показать.

• • •

Когда врачи поставили Раневской диагноз «камни в почках», она стала подписываться в письмах: «Ваша дама с каменьями».

• • •

— Как себя чувствуете, Фаина Георгиевна?
— Я себя чувствую, но плохо.

• • •

Здоровье — это когда у вас каждый день болит в другом месте.

• • •

Ночью болит все, а больше всего совесть.

• • •

Нет болезни мучительнее тоски.

• • •

Склероз нельзя вылечить, но о нем можно забыть.

• • •

— Вы заболели, Фаина Георгиевна?
— Нет, я просто так выгляжу.

Глава вторая. Женщина-перл

• • •

Облысение — это медленное, но прогрессивное превращение головы в жопу. Сначала по форме, а потом и по содержанию.

• • •

Страшный радикулит. Старожилы не помнят, чтобы у человека так болела жопа...

• • •

— Фаина Георгиевна, какая у вас температура?
— Нормальная, комнатная, плюс восемнадцать градусов.

• • •

85 лет при диабете — не сахар, горевала Раневская.

Фаина Раневская

О старости и одиночестве

• • •

Моя жизнь: одиночество, одиночество, одиночество до конца дней.

• • •

Я стала такая старая, что начала забывать свои воспоминания.

• • •

К смерти отношусь спокойно теперь, в старости. Страшно то, что попаду в чужие руки. Еще в театр поволокут мое тулово.

• • •

Ничто так не дает понять и ощутить своего одиночества, как когда некому рассказать сон.

• • •

Одиночество как состояние не поддается лечению.

Глава вторая. Женщина-перл

• • •

Одиночество — это состояние, о котором некому рассказать

• • •

Если у тебя есть человек, которому можно рассказать сны, ты не имеешь права считать себя одиноким.

• • •

Одиночество, это когда в доме должен звонить телефон, но звенит будильник.

• • •

Для некоторых старость особенно тяжела и трагична. Это те, кто остался Томом и Геки Финном.

• • •

В старости главное чувство достоинства, а меня его лишили.

• • •

Ребенка с первого класса школы надо учить науке одиночества.

• • •

Я как старая пальма на вокзале — никому не нужна, а выбросить жалко.

• • •

Узнала ужас одиночества. Раздражает болтовня дурех, я их не пускаю к себе. Большой это труд — жить на свете.

• • •

Старость приходит тогда, когда оживают воспоминания.

• • •

Теперь, в старости, я поняла, что «играть» ничего не надо.

• • •

Старость — это просто свинство. Я считаю, что это невежество Бога, когда он позволяет доживать до старости.

• • •

Господи, уже все ушли, а я все живу. Бирман (известная актриса, 1890–

Глава вторая. Женщина-перл

1976 гг. — *Ред.*) — и та умерла, а уж от нее я этого никак не ожидала.

• • •

Отвратительные паспортные данные. Посмотрела в паспорт, увидела, в каком году я родилась, и только ахнула.

• • •

Паспорт человека — это его несчастье, ибо человеку всегда должно быть восемнадцать лет, а паспорт лишь напоминает, что ты не можешь жить, как восемнадцатилетний человек!

• • •

Старая харя не стала моей трагедией — в 22 года я уже гримировалась старухой и привыкла и полюбила старух моих в ролях. А недавно написала моей сверстнице: «Старухи, я любила вас, будьте бдительны!»

• • •

Старухи бывают ехидны, а к концу жизни бывают и стервы, и сплетницы, и негодяйки... Старухи, по моим наблюдениям, часто не обладают искусством быть старыми. А к старости надо добреть с утра до вечера!

• • •

Сегодня ночью думала о том, что самое страшное — это когда человек принадлежит не себе, а своему распаду.

• • •

Книппер-Чехова, дивная старуха, однажды сказала мне: «Я начала душиться только в старости».

• • •

Одиноко. Смертная тоска. Мне 81 год... Сижу в Москве, лето, не могу бросить псину. Сняли мне домик за городом и с сортиром. А в мои годы один может быть любовник — домашний клозет.

• • •

Неужели я уже такая старая, — сокрушалась Раневская. — Ведь я еще помню порядочных людей!

Глава вторая. Женщина-перл

• • •

Стареть скучно, но это единственный способ жить долго.

• • •

Старость — это время, когда свечи на именинном пироге обходятся дороже самого пирога, а половина мочи идет на анализы.

• • •

Я кончаю жизнь банально — стародевически: обожаю котенка и цветочки до страсти.

• • •

Или я старею и глупею, или нынешняя молодежь ни на что не похожа! Раньше я просто не знала, как отвечать на их вопросы, а теперь даже не понимаю, о чем они спрашивают.

• • •

Сегодня встретила «первую любовь». Шамкает вставными челюстями, а какая это была прелесть. Мы оба стеснялись нашей старости.

• • •

В моей старой голове две, от силы три мысли, но они временами поднимают такую возню, что кажется, их тысячи.

• • •

Спутник славы — одиночество.

• • •

Старость, это когда беспокоят не плохие сны, а плохая действительность.

• • •

Страшно, когда тебе внутри восемнадцать, когда восхищаешься прекрасной музыкой, стихами, живописью, а тебе уже пора, ты ничего не успела, а только начинаешь жить!

• • •

Сейчас, когда человек стесняется сказать, что ему не хочется умирать, он

Глава вторая. Женщина-перл

говорит так: «Очень хочется выжить, чтобы посмотреть, что будет потом». Как будто, если бы не это, он немедленно был бы готов лечь в гроб.

• • •

А может быть, поехать в Прибалтику? А если там умру? Что я буду делать?

• • •

Похороны — спектакль для любопытствующих обывателей.

О МУЖЧИНАХ И ЖЕНЩИНАХ

• • •

Союз глупого мужчины и глупой женщины порождает мать-героиню.

Союз глупой женщины и умного мужчины порождает мать-одиночку.

Союз умной женщины и глупого мужчины порождает обычную семью.

Союз умного мужчины и умной женщины порождает легкий флирт.

• • •

Настоящий мужчина — это мужчина, который точно помнит день рождения женщины и никогда не знает, сколько ей лет. Мужчина, который никогда не помнит дня рождения женщины, но точно знает, сколько ей лет — это ее муж.

• • •

Женщина, чтобы преуспеть в жизни, должна обладать двумя качествами. Она должна быть достаточно умна, чтобы нравиться глупым мужчинам, и достаточно глупа, чтобы нравиться мужчинам умным.

• • •

Не бывает полных женщин, есть тесная одежда.

• • •

Если женщина идет с гордо поднятой головой — у нее есть любовник!
 Если женщина идет с опущенной головой — у нее есть любовник!

Глава вторая. Женщина-перл

Если женщина держит голову прямо — у нее есть любовник!

И вообще, если у женщины есть голова, то у нее есть любовник!

• • •

Бог создал женщин красивыми, чтобы их могли любить мужчины, и глупыми, чтобы они могли любить мужчин.

• • •

Почему все дуры такие женщины?!

• • •

— Фаина Георгиевна, кто умнее — мужчины или женщины?

— Женщины, конечно, умнее. Вы когда-нибудь слышали о женщине, которая бы потеряла голову только от того, что у мужчины красивые ноги?

• • •

Если женщина говорит мужчине, что он самый умный, значит, она понимает, что второго такого дурака она не найдет.

•••

— Чем умный отличается от мудрого? — спросили у Раневской.

— Умный знает, как выпутаться из трудного положения, а мудрый никогда в него не попадает.

•••

— Почему женщины так много времени и средств уделяют своему внешнему виду, а не развитию интеллекта?

— Потому что слепых мужчин гораздо меньше, чем умных.

•••

Женщина краснеет в жизни четыре раза: в первую брачную ночь, когда в первый раз изменяет, когда в первый раз берет деньги, когда в первый раз дает деньги.

А мужчина краснеет два раза: первый раз — когда не может второй, второй — когда не может первый.

Глава вторая. Женщина-перл

• • •

Не можете никак понять, нравится ли вам молодой человек? Проведите с ним вечер. Вернувшись домой — разденьтесь. Подбросьте трусы к потолку. Прилипли? Значит, молодой человек вам безумно нравится.

• • •

— Фаина Георгиевна, какие, по вашему мнению, женщины склонны к большей верности — брюнетки или блондинки?
— Седые.

• • •

— У меня будет счастливый день, когда Вы станете импотентом, — в сердцах сказала Раневская чересчур назойливому ухажеру.

• • •

Хочешь сесть на шею — раздвигай ноги!

• • •

Семья — это очень серьезно, семья человеку заменяет всё. Поэтому, прежде чем завести семью, необходимо как следует подумать, что для вас важнее: всё или семья.

• • •

Женщины умирают позже мужчин, потому что вечно опаздывают.

• • •

Я теперь понимаю, почему презервативы белого цвета! Говорят, белое полнит...

• • •

Мужики от начала дней до их конца за сиськой тянутся.

• • •

Если хочешь быть красивым, поступи в гусары!

• • •

Всю жизнь я страшно боюсь глупых. Особенно баб. Никогда не знаешь,

Глава вторая. Женщина-перл

как с ними разговаривать, не скатываясь на их уровень

• • •

Есть женщины с грудями во всех местах.

• • •

Заслуженная мещанка республики.

• • •

Жуткая дама без собачки.

• • •

Жизнь слишком коротка, чтобы тратить ее на диеты, жадных мужчин и плохое настроение.

• • •

— Фаина Георгиевна, на что похожа женщина, если ее поставить вверх ногами?
 — На копилку.
 — А мужчина?
 — На вешалку.

• • •

Все мои лучшие роли сыграли мужчины.

• • •

Я не избалована вниманием к себе критиков, в особенности критикесс, которым стало известно, что я обозвала их «амазонки в климаксе».

• • •

Раневская о проходящей даме: «Такая задница называется «жопа игрунья».

О другой: «А с такой жопой вообще надо сидеть дома!».

• • •

Если жаба после свадьбы становится красавицей — это чудо, а вот если красавица после свадьбы становится жабой — это быт!

• • •

Сказка — это когда выходишь замуж за чудовище, а он оказывается принцем, а быль — это когда наоборот.

Глава вторая. Женщина-перл

• • •

Соседка, вдова моссоветовского начальника, меняла румынскую мебель на югославскую, югославскую на финскую, нервничала. Руководила грузчиками... И умерла в 50 лет на мебельном гарнитуре. Девчонка!

• • •

Мои любимые мужчины — Христос, Пушкин, Чаплин, Герцен, доктор Швейцер... Найдутся еще — лень вспоминать.

О мемуарах

• • •

— Почему вы не пишете мемуаров? — спросили Раневскую.

— Жизнь отнимает у меня столько времени, что писать о ней совсем некогда, — последовал ответ.

• • •

Мемуары — это невольная сплетня.

• • •

Воспоминания — это богатство старости.

• • •

То, что актер хочет рассказать о себе, он должен сыграть, а не писать мемуаров. Писать должны писатели, а актерам положено, актерам положено играть на театре.

• • •

Не хочу обнародовать жизнь мою, трудную, неудавшуюся, несмотря на успех у неандертальцев и даже у грамотных... То, что актер хочет рассказать о себе, он должен сыграть, а не писать мемуаров.

• • •

Если бы я вела дневник, я бы каждый день записывала одну фразу: «Какая смертная тоска», и все...

Глава вторая. Женщина-перл

• • •

Согласна с Гейне: «Писать мемуары — все равно, что показывать свои вставные зубы».

• • •

Пристают, просят писать, писать о себе. Отказываю. Писать о себе плохо — не хочется. Хорошо — неприлично. Значит, надо молчать.

• • •

...Опять стала делать ошибки, а это постыдно. Это как клоп на белоснежной манишке.

• • •

Если бы я, уступая просьбам, стала писать о себе, это была бы жалобная книга — «Судьба — шлюха».

• • •

Пожалуй, единственная болезнь, которой у меня нет — графомания...

О театре и творчестве

• • •

Я, в силу отпущенного мне дарования, пропищала как комар.

• • •

Чтобы получить признание — надо, даже необходимо, умереть.

• • •

Режиссер — обыватель.

• • •

Как провинциальная актриса, где я только не служила! Только в городе Вездесранске не служила!..

• • •

Сегодняшний театр — торговая точка. ...Это не театр, а дачный сортир. Так тошно кончать свою жизнь в сортире.

• • •

Когда нужно пойти на собрание труппы, такое чувство, что сейчас предстоит дегустация меда с касторкой.

Глава вторая. Женщина-перл

• • •

Когда мне не дают роли в театре, чувствую себя пианистом, которому отрубили руки.

• • •

В театр хожу, как в мусоропровод: фальшь, жестокость, лицемерие, ни одного честного слова, ни одного честного глаза! Карьеризм, подлость, алчные старухи!

• • •

В нынешний театр я хожу так, как в молодости шла на аборт, а в старости рвать зубы.

• • •

Балет — это каторга в цветах.

• • •

В театре меня любили талантливые, бездарные ненавидели, шавки кусали и рвали на части.

• • •

Женщина в театре моет сортир. Прошу ее поработать у меня, убирать квартиру. Отвечает: «Не могу, люблю искусство».

• • •

Великий Станиславский попутал все в театральном искусстве. Сам играл не по системе, а что сердце подскажет.

• • •

Я не признаю слова «играть». Играть можно в карты, на скачках, в шашки. На сцене жить нужно.

• • •

— Фаина Георгиевна! Галя Волчек поставила «Вишневый сад».

— Боже мой, какой ужас! Она продаст его в первом действии.

• • •

Как-то на южном море Раневская указала рукой на летящую чайку и сказала:

— МХАТ полетел.

• • •

Главный художник Театра им. Моссовета Александр Васильев характеризовался Раневской так: «Человек с уксусным голосом».

Глава вторая. Женщина-перл

• • •

— Наш водитель Ковшило ненавидит меня за то, что он возит меня, а не я его, — заметила Раневская о водителе служебной машины Театра им. Моссовета.

• • •

Равнодушие преступно всегда и всюду. А театру придет конец от невежества «руководств», директоров, министров, бутафоров, актеров, бл...дей-драмаделов.

О ТАЛАНТЕ

• • •

Очень тяжело быть гением среди козявок. (О С. Эйзенштейне.)

• • •

Кто бы знал мое одиночество? Будь он проклят, этот самый талант, сделавший меня несчастной.

• • •

Талант, как прыщ, не спрашивает на ком выскочить. Может и на дураке выскочить.

• • •

Горький говорил: «Талант — это вера в себя», а, по-моему, талант — это неуверенность в себе и мучительное недовольство собой и своими недостатками, чего я никогда не встречала у посредственности.

• • •

Посредственность всегда так говорит о себе: «Сегодня я играл изумительно, как никогда. Вы знаете, какой я скромный. Вся Европа знает, какой я скромный!»

• • •

Талант всегда тянется к таланту и только посредственность остается равнодушной, а иногда даже враждебной таланту.

Глава вторая. Женщина-перл

• • •

Талант — это бородавка: у кого-то она есть, у кого-то нет.

• • •

Больше всего любила человеческий талант. И всегда мне везло на бездарных.

Об актерах

• • •

Получаю письма: «Помогите стать актером». Отвечаю: «Бог поможет!»

• • •

Научиться быть артистом нельзя. Можно развить свое дарование, научиться говорить, изъясняться, но потрясать — нет. Для этого надо родиться с природой актера.

• • •

Как ошибочно мнение о том, что нет незаменимых актеров.

• • •

Ушедшие профессии: доктора, повара, актеры.

О КОЛЛЕГАХ-АРТИСТАХ

• • •

— У этой актрисы жопа висит и болтается, как сумка у гусара.

• • •

— У нее не лицо, а копыто, — говорила о другой актрисе Раневская.

• • •

— Смесь степного колокольчика с гремучей змеей, — выносила она приговор третьей.

• • •

Птицы ругаются, как актрисы из-за ролей. Я видела как воробушек явно говорил колкости другому, крохотному и немощному, и в результате ткнул его клювом в голову. Все, как у людей.

Глава вторая. Женщина-перл

• • •

Для меня всегда было загадкой — как великие актеры могли играть с артистами, от которых нечем заразиться, даже насморком.

Как бы растолковать: бездари, никто к вам не придет, потому что от вас нечего взять.

Понятна моя мысль неглубокая?

• • •

У Юрского течка на профессию режиссера. Хотя актер он замечательный.

• • •

Для актрисы не существует никаких неудобств, если это нужно для роли.

• • •

Играю скверно, смотрит комитет по Сталинским премиям. Отвратительное ощущение экзамена.

• • •

Терпеть не могу юбилеев и чествований. Актер сидит как истукан, как болван, а вокруг него льют елей и бьют поклоны. Это никому не нужно. Актер должен играть. Что может быть отвратительней сидящей в кресле старухи, которой курят фимиам по поводу ее подагры. Такой юбилей — триумф во славу подагры. Хороший спектакль — вот лучший юбилей.

• • •

«Я с этой Плятью больше играть не буду!» (Эмоциональное заявление режиссёру, в котором имела в виду своего партнёра по сцене замечательного актера Ростислава Плятта.)

• • •

Раневская Р. Плятту: «Опять Ваши Плятские штучки!!!»

• • •

Нельзя играть Толстого, когда актер Б. играет Федю Протасова. Это все равно чтоб я играла Маргариту Готье только потому, что я кашляю.

Глава вторая. Женщина-перл

• • •

Сейчас все считают, что могут быть артистами только потому, что у них есть голосовые связки.

• • •

Я дожила до такого времени, когда исчезли домработницы. И знаете, почему? Все домработницы ушли в актрисы. Вам не приходило в голову, что многие молодые актрисы напоминают домработниц?

• • •

Многие получают награды не по способности, а по потребности.

• • •

Сейчас актеры не умеют молчать. А кстати, и говорить.

• • •

Когда у попрыгуньи болят ноги — она прыгает сидя.

• • •

Ахматова мне говорила: «Вы великая актриса». Ну да, я великая артистка, и поэтому я ничего не играю, меня надо сдать в музей. Я не великая артистка, а великая жопа.

• • •

Нас приучили к одноклеточным словам, куцым мыслям... Играй после этого Островского!

О кино

• • •

Стараюсь припомнить, встречала ли в кино за 26 лет человекообразных.

• • •

Четвертый раз смотрю этот фильм и должна вам сказать, что сегодня актеры играли как никогда.

• • •

Когда мне снится кошмар — это значит, я во сне снимаюсь в кино.

• • •

Сняться в плохом фильме — все равно что плюнуть в вечность!

Глава вторая. Женщина-перл

• • •

О своих работах в кино: «Деньги проедены, а позор остался».

• • •

Кино — заведение босяцкое.

Зверье мое

• • •

Сейчас долго смотрела фото — глаза собаки человечны удивительно. Люблю их, умны они и добры, но люди делают их злыми.

• • •

Читаю Даррела, у меня его душа, а ум курицы. Даррел писатель изумительный, а его любовь к зверью делает его самым мне близким сегодня в злом мире.

• • •

Дурехи, дуры болтливые — вот круг. Я от них бегаю. Одна радость — пес; молчит, не болтает глупостей.

•••

Не наблюдаю в моей дворняге тупости, которой угнетают меня друзья-неандертальцы. А где теперь взять других?

•••

Животных, которых мало, занесли в Красную книгу, а которых много — в «Книгу о вкусной и здоровой пище».

Tutti-frutti

•••

У моей знакомой две сослуживицы: Венера Пантелеевна Солдатова и Правда Николаевна Шаркун. А еще Аврора Крейсер.

•••

Стены дома выкрашены цветом «безнадежности». Наверное, есть такой цвет...

Глава вторая. Женщина-перл

• • •

Какой печальный город (Ленинград). Невыносимо красивый и такой печальный с тяжело-болезнетворным климатом.

• • •

У Раневской спросили, любит ли она Рихарда Штрауса, и услышали в ответ:
— Как Рихарда я люблю Вагнера, а как Штрауса — Иоганна.

• • •

Раневская не любила зиму. Она говорила:
— Я ненавижу зиму, как Гитлера!

• • •

Ваши жалобы на истеричку-погоду понимаю, — сама являюсь жертвой климакса нашей планеты. Здесь в мае падал снег, потом была жара, потом наступили холода, затем все это происходило в течение дня.

О людских пороках

• • •

Многие жалуются на свою внешность, и никто — на мозги.

• • •

И что только ни делает с человеком природа!

• • •

Мне всегда было непонятно — люди стыдятся бедности и не стыдятся богатства!

• • •

Умный человек, с которым случилось несчастье, утешится, когда осознает неминуемость того, что случилось. Дурак же в несчастье утешается тем, что и с другими случится то же.

• • •

Красивые люди тоже срут.

Глава вторая. Женщина-перл

• • •

— Природа весьма тщательно продумала устройство нашего организма, — философично заметила однажды Раневская. — Чтобы мы видели, сколько мы переедаем, наш живот расположен на той же стороне тела, что и глаза.

• • •

Лучшая диета — это не жрать!

• • •

Милочка, если хотите похудеть — ешьте голой и перед зеркалом.

• • •

Чтобы похудеть, надо есть на полведра меньше.

• • •

Есть такие люди, к которым просто хочется подойти и поинтересоваться, сложно ли без мозгов жить.

• • •

Никто не хочет слушать. Все хотят говорить. А стоит ли?

• • •

Человечество, простите, подтерлось Толстым!

• • •

Глупость — это род безумия... Бог мой, сколько же вокруг «безумцев»! Летний дурак узнается тут же — с первого слова. Зимний дурак закутан во все теплое, обнаруживается не сразу. Я с этим часто сталкиваюсь.

• • •

Какое умное лицо у этого болвана!

• • •

Играть на деньги можно в трех случаях: если есть способности и деньги, если нет денег, но есть способности, и если нет способностей, но есть деньги.

Глава вторая. Женщина-перл

• • •

Ох уж эти несносные журналисты! Половина лжи, которую они распространяют обо мне, не соответствует действительности.

• • •

— Деляги, авантюристы и всякие мелкие жулики пера! Торгуют душой, как пуговицами. (О журналистах.)

• • •

Мне попадаются не лица, а личное оскорбление!

• • •

Когда в 1917 году я увидела этого лысого на броневике, то поняла: нас ждут большие неприятности. (О Ленине.)

• • •

Певице: «Уже то хорошо, милочка, что вы не поете: "Ура, ура, в жопе дыра!"»

• • •

Успех — единственный непростительный грех по отношению к своему близкому.

• • •

Что за мир? Сколько идиотов вокруг, как весело от них!

• • •

Невоспитанность в зрелости говорит об отсутствии сердца.

• • •

Если человек тебе сделал зло — ты дай ему конфетку, он тебе зло — ты ему конфетку... И так до тех пор, пока у этой твари не разовьется сахарный диабет.

• • •

Цинизм ненавижу за его общедоступность.

• • •

На голодный желудок русский человек ничего делать и думать не хочет, а на сытый — не может.

Глава вторая. Женщина-перл

• • •

Не понимают «писатели», что фразу надо чистить, как чистят зубы... В особенности дамское рукоблудие бесит, — скорее, скорее в печать...

• • •

— Фуфа, почему ты всегда подходишь к окну, когда я начинаю петь?
— Я не хочу, чтобы соседи подумали, будто я бью тебя!

• • •

Народ у нас самый даровитый, добрый и совестливый. Но практически как-то складывается так, что постоянно, процентов на восемьдесят, нас окружают идиоты, мошенники и жуткие дамы без собачек. Беда!

Литературно-художественное издание

Раневская Фаина Георгиевна

БАЙКИ И ПЕРЛЫ

Редактор-составитель *Кирилл Винокуров*
Макет *Виктория Челядинова*
Корректор *Надежда Александрова*

ООО «Издательство «Зебра Е»
119121, Москва, ул. Плющиха, 11/20А
E-mail: zebrae@zebrae.net
www.zebrae.ru

По вопросам приобретения книг
обращаться по адресу:

ООО «Издательство «Зебра Е»
125009, Москва, ул. Большая Никитская,
д. 22/2, офис 26.
Тел.: 8 (499) 995-09-42
kniga@zebrae.ru
svirin@zebrae.net